上海市工程建设规范

# 城市道路交通安全评价标准

Standard for urban road traffic safety audit

DG/TJ 08—2407—2022
J 16645—2022

主编单位：上海市政工程设计研究总院(集团)有限公司
批准部门：上海市住房和城乡建设管理委员会
施行日期：2023 年 4 月 1 日

同济大学出版社

2023　上海

**图书在版编目(CIP)数据**

城市道路交通安全评价标准/上海市政工程设计研究总院(集团)有限公司主编. —上海:同济大学出版社,2023.8

ISBN 978-7-5765-0888-8

Ⅰ. ①城… Ⅱ. ①上… Ⅲ. ①城市道路—交通运输安全—评价标准—上海 Ⅳ. ①U492.8-34

中国国家版本馆 CIP 数据核字(2023)第 146257 号

**城市道路交通安全评价标准**

上海市政工程设计研究总院(集团)有限公司　**主编**

责任编辑　朱　勇
助理编辑　王映晓
责任校对　徐春莲
封面设计　陈益平

出版发行　同济大学出版社　www.tongjipress.com.cn
(地址:上海市四平路 1239 号　邮编:200092　电话:021-65985622)
经　　销　全国各地新华书店
印　　刷　浦江求真印务有限公司
开　　本　889mm×1194mm　1/32
印　　张　3.125
字　　数　84 000
版　　次　2023 年 8 月第 1 版
印　　次　2023 年 8 月第 1 次印刷
书　　号　ISBN 978-7-5765-0888-8
定　　价　30.00 元

# 上海市住房和城乡建设管理委员会文件

沪建标定〔2022〕617 号

---

## 上海市住房和城乡建设管理委员会<br>关于批准《城市道路交通安全评价标准》<br>为上海市工程建设规范的通知

各有关单位：

由上海市政工程设计研究总院(集团)有限公司主编的《城市道路交通安全评价标准》，经我委审核，现批准为上海市工程建设规范，统一编号为 DG/TJ 08—2407—2022，自 2023 年 4 月 1 日起实施。

本标准由上海市住房和城乡建设管理委员会负责管理，上海市政工程设计研究总院(集团)有限公司负责解释。

上海市住房和城乡建设管理委员会

2022 年 11 月 9 日

# 前　言

根据上海市住房和城乡建设管理委员会《关于印发〈2020 年上海市工程建设规范、建筑标准设计编制计划〉的通知》（沪建标定〔2019〕752 号）的要求，由上海市政工程设计研究总院（集团）有限公司会同有关单位组成编制组，面向城市交通安全发展需求，在深入调查研究，认真总结近年来国内外科研成果和大量实践经验，并在广泛征求意见的基础上，完成了本标准编制。

本标准的主要内容有：总则；术语和符号；基本规定；总体评价；安全要素评价；评价结论。

各单位及相关人员在执行本标准过程中，如有意见和建议，请反馈至上海市交通委员会（地址：上海市世博村路 300 号；邮编：200125；E-mail：shjtbiaozhun@126.com），上海市政工程设计研究总院（集团）有限公司（地址：上海市中山北二路 901 号；邮编：200092；E-mail：chenyajie@smedi.com），上海市建筑建材业市场管理总站（地址：上海市小木桥路 683 号；邮编：200032；E-mail：shgcbz@163.com），以供今后修订时参考。

**主 编 单 位**：上海市政工程设计研究总院（集团）有限公司

**参 编 单 位**：同济大学

上海市公安局交通警察总队

同济大学建筑设计研究院（集团）有限公司

上海市政工程设计有限公司

上海师范大学

**主要起草人**：温学钧　郑晓光　宋灿灿　陈亚杰　徐弯弯

周小鹏　郭忠印　孔令旗　周富强　徐海滨

杨　轸　赵雪峰　冯　奇　陈　祥　彭　翔

刘东亮　冯　忞　戴　腾　宋俊杰　李思琪

**主要审查人**:陈雨人　刘钧伟　朱惠君　孔庆伟

姬杨蓓蓓　　　陆文亮　王鹏飞

上海市建筑建材业市场管理总站

# 目　次

# Contents

# 1 总 则

**1.0.1** 为适应本市道路交通发展的需要，提高城市道路交通安全水平，做到技术先进，经济合理，制定本标准。

**1.0.2** 本标准适用于本市城市道路建设和运营阶段的交通安全评价。

**1.0.3** 城市道路交通安全评价除应符合本标准的规定之外，尚应符合国家、行业和本市现行有关标准的规定。

# 2 术语和符号

## 2.1 术 语

**2.1.1** 城市道路交通安全评价 urban road traffic safety audit

从道路使用者的角度对城市道路设施、交通环境进行交通安全影响的分析和评价。

**2.1.2** 运行速度 operating speed

中等技术水平的驾驶员根据实际道路条件、交通条件、良好气候条件等能保持的安全速度。通常采用路面平整、潮湿状态下，行驶速度累计分布曲线上对应于85%分位值的速度。

**2.1.3** 安全检查清单 safety audit checklist

根据事故预防原理、设计标准及城市道路安全设计与管理经验等编制的安全检查表。

**2.1.4** 运行速度协调性 consistency of operating speed

评价线形设计一致性的指标。采用相邻路段运行速度差值、运行速度梯度绝对值以及同一路段运行速度与设计速度差值进行评价。

## 2.2 符 号

$|\Delta v_{85}|$——相邻路段运行速度差值的绝对值；

$v_{in}$——运行速度预测路段的起点速度；

$v_{out}$——运行速度预测路段的终点速度；

$v_{middle}$——曲线路段中点速度；

$|\Delta I_{v}|$——运行速度梯度绝对值；

$R$——安全风险值。

# 3 基本规定

**3.0.1** 城市快速路、设计速度为60 km/h的主干路、特大桥梁、中长隧道应进行交通安全评价，交通安全隐患较大的道路和高架桥下的主干路、次干路宜进行交通安全评价。

**3.0.2** 城市道路交通安全评价适用于工程可行性研究阶段、初步设计阶段、施工图设计阶段和运营阶段。项目各阶段交通安全评价的内容应符合本标准附录A的相关要求，并应符合下列规定：

**1** 工程可行性研究阶段道路交通安全评价重点应为总体和路线方案对交通安全的影响。

**2** 初步设计阶段道路交通安全评价重点应为路线方案和其技术指标的运用情况、结构物布设的安全性。

**3** 施工图设计阶段道路交通安全评价重点应为沿线交通设施的安全性。

**4** 运营阶段道路交通安全评价重点应为道路交通设施、交通量和交通组成、路侧环境等对道路交通安全的影响。

**3.0.3** 城市道路交通安全评价应包括总体评价和安全要素评价。

**3.0.4** 城市道路交通安全宜根据安全检查清单，采用速度协调性分析、交通冲突分析、驾驶行为分析、交通事故统计分析和经验分析等方法进行评价。

**3.0.5** 线形复杂和交织强度大的新建或改扩建项目可利用驾驶模拟或交通仿真技术对线形设计、交通安全设施布设与交通组织方案等进行评价。

**3.0.6** 城市道路交通安全评价可进行安全风险评级，评级方法应符合本标准附录B的相关规定。

# 4 总体评价

**4.0.1** 总体评价应包含下列内容：

**1** 应根据道路等级、道路功能、交通环境、大型结构物分布和交通组成等因素，评价道路项目对交通安全的影响。

**2** 改扩建道路利用既有道路的路段，应在交通运行情况、交通事故分析的基础上，运用现行技术标准对利用路段进行道路交通安全评价。

**4.0.2** 应对上一阶段批复和评价结论中与交通安全有关意见的执行情况进行核查。

# 5 安全要素评价

## 5.1 道路线形

**5.1.1** 道路横断面评价应符合下列规定：

**1** 应根据道路等级、设计速度、交通量、交通组成、规划控制要求等对道路横断面布局进行评价。

**2** 当道路车道宽度、车道数、分车带宽度等断面宽度发生变化时，应对过渡渐变段的设置位置、长度等进行评价。

**5.1.2** 平面线形要素评价应符合下列规定：

**1** 应结合运行速度、视距要求对陡下坡尽头的平曲线路段、采用接近最小圆曲线半径极限值平曲线路段的安全性进行评价。

**2** 对于已建成道路，应根据实地驾驶状况，对平面线形的连续性及协调性进行评价。

**5.1.3** 纵断面线形要素评价应符合下列规定：

**1** 应根据地形条件、道路等级、设计速度和运行速度等，结合非机动车通行需求，对纵坡坡度和坡长进行评价。

**2** 宜根据运行速度对采用接近最小半径或最小长度极限值竖曲线路段的安全性进行评价。

**5.1.4** 平纵线形组合评价应符合下列规定：

**1** 应对平曲线和竖曲线的设计参数组合和相对位置进行评价。

**2** 应结合交通组成，对急弯和陡坡组合路段的安全性进行评价。

**3** 应对超高缓和段的合成坡度进行评价。

## 5.2 速度协调性与视距

**5.2.1** 应采用速度协调性对快速路线形一致性进行评价，包括相邻路段线形一致性和同一路段设计速度与运行速度协调性，并应符合下列规定：

**1** 设计阶段运行速度可按本标准附录C提供的方法进行预测。

**2** 运营阶段的线形一致性应采用实测断面运行速度进行评价。

**3** 相邻路段线形一致性以相邻路段运行速度差值的绝对值及运行速度梯度的绝对值为评价指标，并应符合表5.2.1的规定。

**表 5.2.1 相邻路段线形一致性评价标准**

| 相邻路段运行速度协调性 | 评价标准 | 对策与建议 |
| --- | --- | --- |
| 好 | $\lvert\Delta v_{85}\rvert<10$ km/h 且 $\lvert\Delta I_v\rvert\leqslant10$ km/(h·m) | — |
| 较好 | 10 km/h$\leqslant\lvert\Delta v_{85}\rvert<20$ km/h 且 $\lvert\Delta I_v\rvert\leqslant10$ km/(h·m) | 相邻路段为减速时，宜对相邻路段平纵面线形进行优化，或采取安全改善措施 |
| 不良 | $\lvert\Delta v_{85}\rvert\geqslant20$ km/h 或 $\lvert\Delta I_v\rvert>10$ km/(h·m) | 相邻路段为减速时，应调整相邻路段平纵面设计；当调整困难时，应采取安全改善措施 |

**4** 运行速度与设计速度协调性应采用同一路段运行速度与设计速度的差值进行评价；当差值不小于 20 km/h 时，应根据运行速度对该路段的相关技术指标进行检验。

**5** 改扩建道路应整体评价新建路段与利用既有路段的线形一致性。

**5.2.2** 视距评价应符合下列规定：

**1** 应结合运行速度对停车视距、超车视距、会车视距和识别视距进行评价。

**2** 大型车比例较高的道路,应评价货车的停车视距。

**3** 宜对立体交叉路段的识别视距进行评价。

**4** 应对平曲线内侧路堑边坡、挡墙、绿化、声屏障、防眩设施等对视距的影响进行评价。

## 5.3 路 侧

**5.3.1** 应对路侧障碍物的移除、防护等处理措施进行评价。

**5.3.2** 应对路侧出入口的位置、接入方式、视距和交通冲突情况进行评价。

**5.3.3** 应根据冲出路侧历史事故数据对运营道路进行路侧安全性评价。

## 5.4 平面交叉

**5.4.1** 应根据地形、路网布局、平纵线形及交叉道路状况等评价平面交叉位置及间距。

**5.4.2** 应根据交通量、交叉道路等级和分布情况,对平面交叉口的形状、交角、岔数等进行评价。

**5.4.3** 应根据交通控制方式对平面交叉口视距三角形的通视情况、交通冲突情况、速度控制情况进行评价。

**5.4.4** 应对大型车比例较高的平面交叉口右转弯区域的交通设施进行评价。

## 5.5 立体交叉

**5.5.1** 应根据地形、路网布局、道路等级、线形指标、交通流特征等因素对立体交叉位置及形式进行评价。

**5.5.2** 应结合运行速度对相邻立体交叉间、相邻出入口间的距离进行评价。

**5.5.3** 应根据相交道路等级、交通流量、地形地物条件，对立体交叉出入口位置进行评价。

**5.5.4** 应结合运行速度对立体交叉分合流鼻端的通视情况进行评价。

**5.5.5** 应对立体交叉范围内加减速车道、辅助车道、集散车道等车道的设计参数进行评价。

## 5.6 行人和非机动车系统

**5.6.1** 应对行人与非机动车系统的连续性进行评价。

**5.6.2** 应根据道路类型、交通组成、设计速度和交通流量对下列要素进行评价：

**1** 人行道和非机动车道的设置位置、纵坡坡度、坡长与宽度。

**2** 机动车道、非机动车道及人行道间的分隔方式。

**3** 行人和非机动车过街设施的位置、形式、间距、通视情况和交通组织方式。

## 5.7 公共交通设施

**5.7.1** 应对公交专用车道设置位置与道路横断面布局的协调性进行评价。

**5.7.2** 应对公交停靠站区域的交通冲突情况进行评价。

**5.7.3** 应对行人过街设施与公交停靠站点设置的协调性进行评价。

**5.7.4** 应对公交专用道和公交停靠站相关的标志、标线进行评价。

## 5.8 路　面

**5.8.1** 应对不同路面材料衔接或路面抗滑性能过渡路段的过渡措施进行评价。

**5.8.2** 应对路面平整度、抗滑能力、管线检查井盖等对行车安全的影响进行评价。

## 5.9 桥　梁

**5.9.1** 应根据运行速度对桥梁主线和引道的线形一致性和视距进行评价。

**5.9.2** 应对上跨桥梁墩台和上部结构对视距的影响进行评价。

**5.9.3** 当上跨桥梁墩台邻近道路建筑限界时，应对其防护设施进行评价。

**5.9.4** 对运营阶段道路，宜对桥头搭板处、桥梁伸缩缝处的跳车情况进行评价。

## 5.10 隧　道

**5.10.1** 应采用运行速度对隧道洞口内外的线形一致性进行评价。

**5.10.2** 应对隧道内部曲线段的视距进行评价。

**5.10.3** 应对隧道相邻出入口间、隧道洞口与相邻匝道出入口间的间距进行评价。

**5.10.4** 应对隧道出口接地点与平面交叉的间距进行评价。

**5.10.5** 应对隧道照明及隧道出入口亮度过渡对交通安全的影响进行评价。

**5.10.6** 应对隧道内救援疏散设施的设置位置、间距及空间尺寸进行评价。

**5.10.7** 应对隧道内的应急设施设置情况进行评价。

## 5.11 交通设施

**5.11.1** 宜根据交通量及交通组成、线形条件、运行速度、气候条件等因素，对交通设施的设置原则、设置类型等与主体工程的适应性进行评价。

**5.11.2** 交通设施的评价应包括下列内容：

**1** 交通设施规范性、正确性、完好性及与周边道路的协调性。

**2** 交通设施与机动车、非机动车和行人交通需求的适应性。

**3** 交通设施设置与道路建筑界限的关系。

**5.11.3** 交通标志的评价应符合下列规定：

**1** 应对标志的设置位置、高度、角度、版面和支撑方式进行评价。

**2** 应对标志信息的合理性，指路标志信息的关联有序、有效性及信息量进行评价。

**3** 应对标志与其他交通设施传递信息的一致性和连续性进行评价。

**4** 应结合运行速度对标志尺寸和标志字高进行评价。

**5** 应对标志的视认性进行评价。

**6** 应对限速标志的设置位置、间距、相邻限速标志限速差值进行评价。

**7** 应对线形诱导标的设置位置、间距、高度和诱导效果等进行评价。

**8** 宜对标志的发光亮度或逆反射等级与光线、气候条件及运行速度的适应性进行评价。

**5.11.4** 交通标线的评价应符合下列规定：

**1** 应对标线的宽度、形式、颜色、反光性能、防滑性能等进行评价。

**2** 应对车道数和道路宽度变化处的标线过渡情况进行评价。

**3** 应对靠近道路建筑限界的桥墩、隧道洞口、实体安全岛等设置的立面标记进行评价。

**4** 应对减速标线或其他减速措施的形式、位置、长度等进行评价。

**5** 应对纵向标线与交通组织方案的匹配性进行评价。

**6** 应对突起路标、轮廓标的设置位置、间距、反光性能、诱导效果等进行评价。

**7** 宜对标线在夜间和不良天气条件下的视认性和诱导效果进行评价。

**8** 宜对设置连续实线标线的排水性能进行评价。

**9** 宜根据运行速度对路面文字标记或图形标记尺寸、间距、方向的合理性进行评价。

**5.11.5** 防护设施的评价应符合下列规定：

**1** 应根据路侧环境、道路条件、运行速度、交通组成等对路侧和中央分隔带防撞护栏的防护等级和形式进行评价。

**2** 应对交叉口、匝道出入口、小半径平曲线段、建筑出入口等处防护设施对视距的影响进行评价。

**3** 应对防撞护栏设置起点、终点、最小长度、端头的处理方式进行评价。

**4** 应对桥梁、隧道等构造物与其连接线护栏的衔接过渡，以及不同类型、防护等级护栏间的衔接过渡设计进行评价。

**5** 应对中央分隔带活动护栏的设置位置进行评价。

**6** 路中或中央分隔带内存在墩柱等刚性固体物时，应对护栏的防护等级和设置形式进行评价。

**7** 应根据交通组成、运行速度及结构物形式对缓冲设施、限界结构防撞设施的设置进行评价。

**8** 应根据路侧环境、道路横断面布局、交通特征、交通组织管理等，对分隔设施和人行护栏的设置进行评价。

**9** 应对防眩设施的设置情况进行评价。

**10** 应对高架道路和桥梁防落物网的设置情况进行评价。

**11** 宜对路缘石的高度及形式进行评价，应对道路路侧悬空或车辆越出路外可能造成严重交通事故位置的路缘石处理情况进行评价。

**5.11.6** 应对交通信号灯的设置规范性、完备性、视认效果及其与交通组织方案和交叉口渠化设计的协调性进行评价。

**5.11.7** 应对车流与人流密集区、桥头急弯、隧道洞口、互通立交、长大隧道或桥梁、隧道与互通立交或平面交叉相连等危险路段的交通设施综合设置情况进行评价。

## 5.12 排　水

**5.12.1** 应对高架道路和桥梁段的路面排水情况进行评价。

**5.12.2** 应对隧道洞口及洞内的排水、隔水情况进行评价。

**5.12.3** 应对平面交叉口的排水情况进行评价。

**5.12.4** 宜根据降雨强度和道路坡度，对凹形竖曲线底部、超高与超高过渡段等易积水路段的排水设施进行评价。

**5.12.5** 应采用现场勘察的方法评价运营阶段道路路面是否存在排水不畅导致的道路防滑能力或标线视认性不足。

## 5.13 绿　化

**5.13.1** 应对平面交叉口、出入口、中央分隔带开口、圆曲线内侧等位置道路绿化对视距的影响进行评价。

**5.13.2** 宜根据运行速度，评价路侧或中央分隔带乔木对路侧安全的影响。

## 5.14 照　明

**5.14.1** 应评价照明设施的设置位置、照明效果与眩光情况。

**5.14.2** 应评价平面交叉、立体交叉、桥梁、隧道与相接道路照明设计的协调性，以及不同照明标准相接道路照明过渡设计的合理性。

**5.14.3** 应评价立交路段下穿道路与上跨道路照明组合效果的安全性。

**5.14.4** 应分别评价隧道内及隧道洞口白天和夜间照明的视认效果。

# 6 评价结论

**6.0.1** 评价结论应包括总体评价结论和安全要素评价结论。

**6.0.2** 总体评价结论应明确城市道路总体交通安全情况和上阶段交通安全评价建议的执行情况。

**6.0.3** 安全要素评价结论应明确影响道路交通安全的重点问题,并提出改进建议和对策;宜根据影响交通安全的重要程度,提出改进建议和对策的实施顺序。

# 附录 A　安全检查清单

**表 A　安全检查清单**

| 评价项目 | 工程可行性研究 | 初步设计 | 施工图设计 | 运营 |
|---|---|---|---|---|
| 评价重点 | | | | |
| 总体及路线方案对交通安全的影响 | ★ | — | — | — |
| 路线方案及其技术指标的运用情况<br>结构物布设的合理性 | — | ★ | — | — |
| 沿线交通设施的设置情况 | — | — | ★ | — |
| 道路设施交通特征、路侧环境、交通组织措施等现状条件对道路交通安全的影响 | — | — | — | ★ |
| 评价方法 | | | | |
| 速度协调性分析 | — | ☆ | ☆ | ☆ |
| 交通冲突分析 | — | ☆ | ☆ | ☆ |
| 驾驶行为分析 | ☆ | ☆ | ☆ | ☆ |
| 经验分析 | ☆ | ☆ | ☆ | ☆ |
| 事故统计分析 | — | — | — | ☆ |

**续表A**

| 评价项目 | 工程可行性研究 | 初步设计 | 施工图设计 | 运营 |
|---|---|---|---|---|
| 规范符合性检查 | — | — | — | ☆ |
| 总体评价 | | | | |
| 总体路线方案及其技术指标 | ★ | ★ | — | — |
| 隧道、桥梁、立体交叉、平面交叉等节点与道路总体布局的协调性 | ★ | ★ | — | — |
| 急弯陡坡和临湖、临河路段的交通安全性 | ★ | ★ | ☆ | — |
| 降雨、冰冻、降雪、雾等不良天气对交通安全的影响及应对方案 | ★ | — | ☆ | ★ |
| 起讫点与现有道路的衔接及交通组织方式对交通安全的影响 | ★ | ☆ | — | — |
| 交通枢纽、商业区、学校、医院等行人密集区域和存在特殊人群区域的路侧干扰对交通安全的影响 | — | ★ | — | ★ |
| 道路建筑限界内是否有入侵物体 | ★ | ★ | ☆ | ☆ |
| 道路全线净高的一致性 | ★ | ★ | ☆ | ☆ |
| 既有利用路段设计指标与现行技术标准的协调性 | ☆ | ★ | ☆ | — |
| 近远期结合的工程方案、近期方案的平纵横设计指标对远期方案交通安全的影响 | ★ | ☆ | — | — |
| 运营道路施工、养护交通组织方案对交通安全的影响 | ☆ | ★ | — | — |
| 通过交通事故频率与变化趋势、时空分布特征、严重程度、致因等进行交通事故分析 | — | — | — | ★ |
| 前一阶段交通安全评价意见的响应情况 | — | ★ | ★ | — |
| 前一阶段批复中与交通安全相关意见的执行情况 | — | ★ | ★ | — |

续表A

| 评价项目 | | | 工程可行性研究 | 初步设计 | 施工图设计 | 运营 |
|---|---|---|---|---|---|---|
| 安全要素评价 | | | | | | |
| 道路线形 | 快速路应进行速度协调性分析 | | — | ★ | ★ | ★ |
| | 横断面 | 道路横断面布局 | ★ | ★ | — | — |
| | | 横断面宽度变化路段过渡渐变段的位置、长度 | — | ★ | ☆ | — |
| | | 分隔带的开口设置位置和视距 | — | — | ★ | ☆ |
| | 平面 | 结合运行速度，分析接近最小半径极限值的圆曲线半径 | — | ★ | — | — |
| | | 结合运行速度，分析陡下坡尽头平曲线路段相关指标 | — | ★ | — | — |
| | | 结合运行速度，分析平曲线参数和曲线间直线长度等平面设计指标 | — | ★ | — | — |
| | | 卵形曲线、复合曲线等特殊曲线相关指标 | ☆ | ★ | — | — |
| | | 结合运行速度、交通组成，分析超高值、超高过渡方式和超高缓和段相关指标 | — | — | ★ | — |
| | | 根据道路等级、速度、交通组成，分析圆曲线加宽值及加宽形式 | — | — | ★ | — |
| | 纵断面 | 结合运行速度，分析接近竖曲线最小半径或长度路段的相关指标 | — | ★ | — | — |
| | | 结合运行速度，分析机动车道纵坡坡长与坡度 | — | ★ | — | — |
| | | 结合非机动车组成和雨雪天气推行需求，分析非机动车道纵坡坡长与坡度 | — | ★ | — | ★ |
| | 线形组合 | 结合运行速度、交通组成，分析平纵线形的设计参数组合和相对位置 | — | ★ | — | — |
| | | 急弯与陡坡组合路段，分析弯坡组合对大型车行驶稳定性的影响 | — | — | ★ | ★ |
| | | 超高缓和段的合成坡度 | — | — | ★ | — |

**续表A**

| 评价项目 | | | 工程可行性研究 | 初步设计 | 施工图设计 | 运营 |
|---|---|---|---|---|---|---|
| 道路线形 | 视距 | 结合运行速度分析道路的停车视距、超车视距、会车视距和识别视距 | — | ★ | — | ★ |
| | | 分析大型车比例较高下坡路段的货车停车视距 | — | ★ | — | ★ |
| | | 平曲线内侧有路堑边坡、挡墙、绿化、声屏障和防眩设施等影响视距设施路段的视距 | — | — | ★ | ★ |
| 路侧 | 路侧障碍物的处理措施 | | — | ★ | ☆ | ★ |
| | 路侧出入口的位置、接入方式、视距和交通冲突情况 | | — | — | ★ | ★ |
| | 根据冲出路侧历史事故数据，分析路侧安全情况 | | — | — | — | ★ |
| 道路交叉 | 平面交叉 | 选址、形式、交角和岔数 | ★ | ☆ | — | ☆ |
| | | 短间距交叉口的协调方式 | ☆ | ★ | — | ★ |
| | | 交通冲突情况 | — | ★ | ☆ | ★ |
| | | 进口道车道数、车道宽度、功能划分及展宽段设计 | — | ★ | ☆ | ★ |
| | | 出口道车道布置与进口道的匹配性 | — | ★ | — | ☆ |
| | | 公交专用道进口道位置、宽度等设计参数 | — | ★ | — | ★ |
| | | 交叉口范围内公交站台的布置 | — | ★ | ☆ | ★ |
| | | 交叉口的通视和速度控制情况 | — | ★ | ☆ | ★ |
| | | 大型车比例较高平面交叉口右转弯区域交通设施 | — | — | ★ | ★ |

**续表A**

| 评价项目 | | | 工程可行性研究 | 初步设计 | 施工图设计 | 运营 |
|---|---|---|---|---|---|---|
| 道路交叉 | 立体交叉 | 立体交叉选址与形式 | ★ | ☆ | — | ★ |
| | | 立体交叉相邻出入口之间的距离 | ★ | ☆ | — | ★ |
| | | 立体交叉出入口位置 | — | ★ | — | ★ |
| | | 匝道平面线形与纵断面线形 | ☆ | ★ | — | — |
| | | 变速车道的长度、渐变率和渐变段长度 | ☆ | ★ | ☆ | ★ |
| | | 辅助车道长度和渐变率 | ☆ | ★ | ☆ | ★ |
| | | 集散车道的车道数，与主线车行道的分隔形式 | ☆ | ★ | ☆ | ★ |
| | | 主线和匝道停车视距 | — | ★ | — | ★ |
| | | 结合识别视距分析分合流鼻端的通视情况 | — | ★ | ☆ | ★ |
| | | 靠近平面交叉口出口匝道与交叉口交通量、车道布置的匹配性 | — | ★ | — | ★ |
| 行人和非机动车系统 | 行人和非机动车道设置的连续性 | | △ | ★ | — | ★ |
| | 行人与非机动车过街设施的设置位置和形式 | | — | ★ | — | ☆ |
| | 行人与非机动车过街设施的照明、通视和交通组织方式 | | — | — | ★ | ☆ |
| | 双向 6 车道及以上道路过街安全岛设置情况 | | — | ★ | ☆ | ★ |
| | 学校、医院、商业中心等人流集中区域人行过街设施设置的针对性 | | — | ★ | ☆ | ★ |
| | 行人交通系统无障碍设施设置情况 | | — | △ | ★ | ★ |
| | 环形交叉口非机动车与行人的安全保障措施 | | — | — | ★ | ☆ |

续表A

| 评价项目 | | 工程可行性研究 | 初步设计 | 施工图设计 | 运营 |
|---|---|---|---|---|---|
| 公共交通设施 | 公交专用车道位置与道路横断面布局的匹配性 | — | ★ | — | ☆ |
| | 行人过街设施和公交停靠站的协调情况 | — | ★ | — | ★ |
| | 公交停靠站区域公交车与社会车辆和非机动车的冲突情况 | — | — | ★ | ★ |
| | 公交专用道和公交停靠站相关的标志标线设置情况 | — | — | ★ | ★ |
| 路面 | 不同路面材料衔接或路面抗滑性能变化路段的过渡措施 | — | — | ★ | ★ |
| | 路面平整度和管线检查井盖等对行车安全的影响 | — | — | ★ | ★ |
| | 侧滑和追尾事故多发路段的路面平整度和抗滑能力 | — | — | — | ★ |
| | 人行天桥、地道坡面铺装的防滑设计 | — | — | ★ | ★ |
| 桥梁 | 结合运行速度分析主线和引道的线形一致性 | — | ★ | — | ★ |
| | 上跨桥梁的墩台、上部结构对桥下道路视距的影响 | — | ★ | — | ★ |
| | 交叉口区域桥梁布跨对视距的影响 | — | ★ | — | ★ |
| | 上跨桥梁的桥梁墩柱邻近道路建筑限界时的防护设施设置 | — | — | ★ | ★ |
| | 桥头搭板或伸缩缝处的跳车情况 | — | — | — | ★ |
| 隧道 | 隧道洞口的朝向和洞门形式 | — | ★ | — | △ |
| | 隧道洞口内外的线形一致性 | — | ★ | — | ★ |
| | 结合运行速度分析隧道曲线段停车视距 | — | ★ | ☆ | ★ |

**续表A**

| 评价项目 | | | 工程可行性研究 | 初步设计 | 施工图设计 | 运营 |
|---|---|---|---|---|---|---|
| 隧道 | 隧道出入口间距 | | — | ★ | △ | ★ |
| | 隧道洞口与相邻匝道出入口间距 | | — | ★ | △ | ★ |
| | 隧道洞口距交叉口距离 | | — | ★ | △ | ★ |
| | 隧道内的照明设计 | | — | — | ★ | ★ |
| | 隧道洞口亮度及照明过渡 | | — | — | ★ | ★ |
| | 隧道内疏散救援设施的设置情况 | | — | — | ★ | ★ |
| | 隧道内应急设施的设置情况 | | — | — | ★ | ★ |
| 交通设施 | 整体核查 | 交通设施设置等级、设置类型与主体工程的适应性 | — | ★ | ☆ | ★ |
| | | 交通设施设置的规范性及与周边道路的协调性 | — | ☆ | ★ | ★ |
| | | 车流与人流密集区、桥头急弯、隧道洞口、互通立交、长大隧道或桥梁、隧道与互通立交或平面交叉相连等危险路段交通设施的综合设置情况 | — | ☆ | ★ | ★ |
| | | 交通设施与道路建筑界限的位置关系 | — | — | — | ★ |
| | 交通标志 | 标志的设置位置、高度、角度和版面设计 | — | — | ★ | ★ |
| | | 标志信息的关联有序、有效性及信息量的合理性 | — | — | ★ | ★ |
| | | 标志与标线及其他交通设施传递信息的一致性 | — | — | ★ | ★ |
| | | 标志版面尺寸和文字高度 | — | — | ★ | ★ |
| | | 标志版面的反光强度等级 | — | — | ★ | ★ |

续表A

| 评价项目 | | | 工程可行性研究 | 初步设计 | 施工图设计 | 运营 |
|---|---|---|---|---|---|---|
| 交通设施 | 交通标志 | 绿化、构造物、广告牌和户外大型显示屏等对标志视认性的影响 | — | — | ★ | ★ |
| | | 限速标志设置位置、间距及相邻标志限速差值 | — | — | ★ | ★ |
| | | 指路标志版面信息排列顺序及布置方式 | — | — | ★ | ★ |
| | | 实地调查分析机动车驾驶员、非机动车骑行者和行人对标志的视认情况 | — | — | — | ★ |
| | 交通标线 | 标线的形式、颜色、反光性能、宽度和防滑等性能 | — | — | ★ | ★ |
| | | 车道数和道路宽度变化处的标线过渡情况 | — | — | ★ | ★ |
| | | 靠近道路建筑限界的桥墩、隧道洞口、实体安全岛等构造物立面标记的设置情况 | — | — | ★ | ★ |
| | | 减速标线或减速路面设置的形式、位置、长度 | — | — | ★ | ★ |
| | | 纵向标线与交通组织方案的匹配性 | — | — | ★ | ★ |
| | | 连续设置标线排水缝的设置情况 | — | — | ★ | ★ |
| | | 路面文字标记或图形标记的尺寸、间距和方向 | — | — | ★ | ★ |
| | | 突起路标的设置位置、间距、反光性能和诱导效果 | — | — | ★ | ★ |
| | | 实地调查分析机动车驾驶员、非机动车骑行者和行人对标线的视认情况 | — | — | — | ★ |
| | 视线诱导设施 | 轮廓标、线形诱导标等视线诱导设施设置的位置、间距和高度 | — | — | ★ | ★ |
| | | 视线诱导设施夜间和不良天气条件下的诱导效果 | — | — | — | ★ |

续表A

| 评价项目 | | | 工程可行性研究 | 初步设计 | 施工图设计 | 运营 |
|---|---|---|---|---|---|---|
| 交通设施 | 防护设施 | 路侧和中央分隔带防撞护栏的防护等级和形式 | — | ★ | ★ | ★ |
| | | 交叉口、匝道出入口、小半径平曲线段和路侧出入口处防护设施对视距的影响 | — | — | ★ | ★ |
| | | 防撞护栏设置的起点、终点和最小长度 | — | — | ★ | ★ |
| | | 不同类型、防护等级护栏之间的衔接与过渡 | — | — | ★ | ★ |
| | | 护栏的端头处理情况 | — | — | ★ | ★ |
| | | 波形梁护栏板的搭接方向与行车方向一致性 | — | — | — | ★ |
| | | 隧道端墙、桥墩、分流鼻端等处的防护设施设置情况 | — | — | ★ | ★ |
| | | 缓冲设施、限界结构防撞设施的设置情况 | — | — | ★ | ★ |
| | | 人行护栏的形式和位置 | — | — | ★ | ★ |
| | | 分隔设施的形式、位置和对视距的影响 | — | — | ★ | ★ |
| | | 防眩设施形式、设置角度和防眩效果 | — | — | ★ | ★ |
| | | 高架和桥梁防落物网的设置情况 | — | — | ★ | ★ |
| | | 路缘石的高度及形式 | — | — | ★ | ★ |
| | | 限高架的位置和高度 | — | — | ★ | ★ |
| | | 限高架上游路段预告标志、绕行标志的设置情况 | — | — | ★ | ★ |
| | | 声屏障的设置位置、形式等对视距的影响 | — | — | ★ | ★ |
| | 不同车道对交通信号灯的视认情况 | | — | — | ★ | ★ |

续表A

| 评价项目 | | 工程可行性研究 | 初步设计 | 施工图设计 | 运营 |
|---|---|---|---|---|---|
| 排水 | 隧道内排水、隔水情况 | — | — | ★ | ★ |
| | 桥梁路面排水情况 | — | — | ★ | ★ |
| | 平面交叉口路面排水情况 | — | — | ★ | ★ |
| | 下穿式道路排水情况 | — | — | ★ | ★ |
| 绿化 | 平面交叉口、出入口、中央分隔带开口、圆曲线内侧等位置绿化对视距的影响 | — | — | ★ | ★ |
| | 路侧或中央分隔带乔木对路侧安全的影响 | — | — | — | ★ |
| 照明 | 照明设施的设置位置、照明效果与眩光影响 | — | — | ★ | ★ |
| | 不同照明标准相接道路照明过渡设计的合理性 | — | — | ★ | ★ |
| | 小半径曲线、桥梁、隧道、互通立交匝道和平面交叉口等路段照明的诱导性 | — | — | ★ | ★ |
| | 下穿道路的照明对上跨道路的眩光影响 | — | — | — | ★ |
| | 人行横道、人行天桥和人行地道照明情况 | — | — | ★ | ★ |
| | 人行天桥照明设施对桥下机动车驾驶员的眩光影响 | — | — | — | ★ |
| | 景观照明和道路装饰灯具对驾驶员视认性及对眩光的影响 | — | — | — | ★ |

**续表A**

| 评价项目 | | 工程可行性研究 | 初步设计 | 施工图设计 | 运营 |
|---|---|---|---|---|---|
| 改扩建道路 | 交通组织方案 | — | ☆ | ★ | ★ |
| | 利用原有设计指标的合理性及采取的安全措施 | — | ★ | ☆ | ★ |
| | 路线线形顺接、路面拼接和既有交通安全设施的再利用情况 | — | ☆ | ★ | ★ |
| 评价结论 | | | | | |
| 总体评价结论 | 总体交通安全问题 | ★ | ★ | ★ | ★ |
| | 上一阶段批复、安全评价意见的执行响应情况 | — | ☆ | ★ | ★ |
| | 交通事故原因及交通安全变化趋势 | — | — | — | ☆ |
| | 满足规范但安全风险较大路段的优化建议 | ★ | ★ | ★ | ★ |
| | 列出改进建议和对策采纳顺序 | ☆ | ☆ | ☆ | ☆ |

注:1 ★表示“应”,☆表示“宜”,△表示“可”,—表示不作相关要求。
2 若评价项目在初步设计阶段未开展交通安全评价,则施工图设计阶段交通安全评价应包括初步设计阶段内容。

# 附录B　城市道路交通安全风险评级方法

**B.0.1**　城市道路交通安全风险等级应分为Ⅰ级(低风险)、Ⅱ级(中风险)、Ⅲ级(高风险)和Ⅳ级(极高风险)四级,见表B.0.1。

**表B.0.1　城市道路交通安全风险危险等级判断**

| 安全风险等级 | Ⅰ级 | Ⅱ级 | Ⅲ级 | Ⅳ级 |
| --- | --- | --- | --- | --- |
| 安全风险值 | $0 \leqslant R < 25$ | $25 \leqslant R < 50$ | $50 \leqslant R < 75$ | $75 \leqslant R < 100$ |

注:$R$ 为安全风险值。

**B.0.2**　评价项目交通安全风险值应按式(B.0.2)计算。

$$A = \frac{\sum_{1}^{n} a_i}{\sum_{1}^{n} w_i} \times 100 \tag{B.0.2}$$

式中:$A$——评价项目安全风险值;

$a_i$——评价项目第 $i$ 个评价指标的实际安全风险值;

$n$——评价项目所包含的所有底层评价指标总数;

$w_i$——评价项目第 $i$ 个底层评价指标的最大安全风险值,即表B.0.4-1中所列二级指标分值、表B.0.4-2和表B.0.4-3中所列三级指标分值。

**B.0.3**　交通安全风险评价路段不宜超过1 000 m或以特大桥梁、中长隧道上下游各500 m为长度单位划分。

**B.0.4**　道路交通安全风险值的得分宜根据安全检查清单通过层次分析法进行确定,可根据表B.0.4-1～表B.0.4-3取值。

表 B.0.4-1　工程可行性研究阶段交通安全风险值计算表

| 一级指标 | 分值 | 二级指标 | 分值 | 计分依据 |
|---|---|---|---|---|
| 总体评价 | 48 | 急弯陡坡和临湖、临河路段的交通安全性 | 6 | 从平面线形、纵断面线形、平纵线形组合、横断面布置、交通管理措施和防护设施设置 6 个方面进行评价，每有 1 项存在缺陷计 1 分 |
| | | 降雨、冰冻、降雪、雾等不良天气对交通安全的影响及应对方案 | 6 | 从平面线形、纵断面线形、路面材料、主动预警设施、被动防护设施和交通管理措施 6 个方面进行评价，每有 1 项存在缺陷计 1 分 |
| | | 起讫点与现有道路的衔接及交通组织方式对交通安全的影响 | 7 | 从交叉口交角、岔数、交叉口通视情况、交叉口范围内平纵线形、车道宽度、上下游车道数平衡和交通管理措施 7 个方面进行评价，每有 1 项存在缺陷计 1 分 |
| | | 桥梁、隧道、互通立交等大型构造物的选址、规模、形式等对交通安全的影响 | 8 | 从选址的协调性、立交形式、隧道洞口的朝向、与其他结构物的间距、与交叉口的间距、线形一致性、横断面布置和视距 8 个方面进行评价，每有 1 项存在缺陷计 1 分 |
| | | 近远期结合的工程方案、近期方案的平纵横设计指标对远期方案的交通安全影响 | 5 | 从平面线形、纵断面线形、视距、道路交叉方式和路面结构的衔接 5 个方面进行评价，每有 1 项存在缺陷计 1 分 |
| | | 运营道路施工期交通组织方案对道路交通安全的影响 | 2 | 从改扩建路段施工工期、施工工艺对交通的影响和临时道路设置与交通量匹配 2 个方面进行评价，每有 1 项存在缺陷计 1 分 |
| | | 道路建筑限界内是否有入侵物体 | 8 | 每增加 1 处入侵物且无相关管理措施计 1 分 |
| | | 道路全线净高的一致性 | 6 | 每增加 1 处不满足道路最小净高值且无相关管理措施计 2 分 |

续表 B.0.4-1

| 一级指标 | 分值 | 二级指标 | | 分值 | 计分依据 |
|---|---|---|---|---|---|
| 安全要素评价 | 52 | 道路线形 | 横断面形式、车道数、车道宽度、分车带宽度 | 8 | 根据道路等级、设计速度、交通量、交通组成、规划控制要求，从横断面布局、车道数、车道宽度和分车带宽度 4 个方面进行评价，每有 1 项存在缺陷计 2 分 |
| | | | 结合桥梁、隧道方案分析平纵线形对交通安全的影响 | 16 | 从平曲线最小长度、圆曲线最小半径、纵坡坡度、纵坡坡长、竖曲线长度、竖曲线半径、线形组合协调性和视距 8 个方面进行评价，每有 1 项存在缺陷计 2 分 |
| | | 道路交叉 | 平面交叉的选址、形式、交角、岔数及间距 | 11 | 从交叉口的位置、相邻交叉口间距、平面线形、纵断面线形、进口车道数、车道平衡、交叉口的形式、视距、交叉口转弯半径、与邻近结构物的间距和交通管理 11 个方面进行评价，每有 1 项存在缺陷计 1 分 |
| | | | 立体交叉的选址、形式与相邻互通立交间距 | 17 | ①从立体交叉的选址、立体交叉的形式、相邻出入口间的距离、主线平面线形、主线纵断面线形和视距 6 个方面进行评价，每有 1 项存在缺陷计 2 分。②从匝道平面线形、匝道纵断面线形、出入口形式、变速车道长度和匝道出入口与构造物之间的间距 5 个方面进行评价，每有 1 项存在缺陷计 1 分 |

**表 B.0.4-2 初步设计阶段交通安全风险值计算表**

| 一级指标 | 分值 | 二级指标 | 分值 | 三级指标 | 分值 | 计分依据 |
|---|---|---|---|---|---|---|
| 总体评价 | 11.5 | — | — | 特大桥梁、中长隧道、互通式立体交叉、重要平交路口等与路线总体布局的协调性 | 1.5 | 协调性好计 0 分,较好计 0.5 分,存在一定风险计 1 分,存在较大风险计 1.5 分 |
| | | | | 交通枢纽、商业区、学校、医院等行人密集和存在特殊人群区域的路侧干扰对交通安全的影响 | 1 | 管理设施完善计 0 分,否则计 1 分 |
| | | | | 急弯陡坡、路侧深沟、江河湖泊等危险路段对交通安全的影响 | 1.5 | 有完善的标志、标线、防护设施等交通设施计 0 分,有较完善的标志、标线、防护设施等交通设施计 0.5 分,有较完善的标志、标线计 1 分,其他计 1.5 分 |
| | | | | 改扩建道路的既有利用路段设计指标与现行技术标准的协调性 | 1 | 与现行指标一致计 0 分,基本一致计 0.5 分,其他计 1 分 |
| | | | | 近远期结合的工程方案,近期方案设计指标对远期方案交通安全的影响 | 1 | 线形、拼宽衔接合理计 0 分,否则计 1 分 |
| | | | | 运营道路施工期交通组织方案对道路交通安全的影响 | 1 | 从改扩建路段施工工期、施工工艺对交通的影响和临时道路设置与交通量匹配 2 个方面进行评价,每有 1 项存在缺陷计 0.5 分 |
| | | | | 道路建筑限界内是否有入侵物体 | 1.5 | 无入侵物体计 0 分,否则计 1.5 分 |
| | | | | 道路全线净高 | 1 | 全线净高满足规范要求且全线一致计 0 分,有局部不一致但有完善的管理措施计 0.5 分,否则计 1 分 |
| | | | | 工程可行性研究阶段交通安全评价意见的响应情况 | 1 | 全面响应安全评价意见计 0 分,部分响应计 0.5 分,否则计 1 分 |
| | | | | 工程可行性研究批复中与交通安全相关意见的执行情况 | 1 | 全面响应批复中的相关意见计 0 分,部分响应计 0.5 分,否则计 1 分 |

表 B.0.4-2

| 一级指标 | 分值 | 二级指标 | 分值 | 三级指标 | | 分值 | 计分依据 |
|---|---|---|---|---|---|---|---|
| 安全要素评价 | 88.5 | 道路线形 | 29 | 快速路进行相邻路段线形一致性和同一路段设计速度与运行速度协调性分析 | | 3 | 根据本标准表 5.2.1,运行速度协调性好计 0 分,较好计 1.5 分,不良计 3 分 |
| | | | | 横断面 | 道路横断面形式、车道数、车道宽度、分车带宽度 | 2.5 | 根据横断面布局、车道数、车道宽度、分车带宽度、路缘带宽度设计的合理性,每有 1 项存在缺陷计 0.5 分 |
| | | | | | 横断面宽度有变化路段过渡渐变段的位置、长度 | 2 | 横断面宽度过渡段长度与宽度比满足 40∶1 时计 0 分,满足 30∶1 时计 0.5 分,满足 25∶1 时计 1 分,满足 20∶1 时计 1.5 分,否则计 2 分 |
| | | | | 平面 | 结合运行速度分析接近最小半径的圆曲线半径 | 2 | 同时满足运行速度和设计速度不设超高最小半径一般值计 0 分,满足运行速度和设计速度之一不设超高最小半径一般值计 1 分,否则计 2 分 |
| | | | | | 结合运行速度分析陡下坡尽头圆曲线路段相关指标 | 2 | 同时满足运行速度和设计速度不设缓和曲线最小半径计 0 分，满足运行速度和设计速度之一不设缓和曲线最小半径计 1.5 分,同时满足运行速度和设计速度不设超高最小半径值计 1 分,满足运行速度和设计速度之一不设超高最小半径计 1.5 分,否则计 2 分 |
| | | | | | 结合运行速度分析缓和曲线参数、曲线间直线长度、平曲线参数 | 3 | 3 项指标的安全风险分值各占 1 分。同时满足运行速度和设计速度条件下最小值计 0 分,满足运行速度和设计速度之一最小值的计 0.5 分,否则计 1 分 |
| | | | | | 卵形曲线、复合曲线等特殊曲线相关指标 | 2 | 不存在上述曲线的计 0 分,否则计 2 分 |

**表 B.0.4-2**

| 一级指标 | 分值 | 二级指标 | 分值 | 三级指标 | | 分值 | 计分依据 |
|---|---|---|---|---|---|---|---|
| 安全要素评价 | 88.5 | 道路线形 | 29 | 纵断面 | 结合运行速度分析竖曲线接近最小半径或最小长度 | 2.5 | 同时满足运行速度和设计速度条件下的一般值的计0分,满足运行速度和设计速度之一条件下的一般值计1分,同时满足运行速度和设计速度条件下的极限值计1.5分,满足运行速度和设计速度之一的极限值计2分,否则计2.5分 |
| | | | | | 结合运行速度分析机动车道纵坡坡长与坡度 | 3 | 同时满足运行速度和设计速度条件下的最小坡长和最大坡度计0分,满足运行速度和设计速度条件之一的最小坡长和最大坡度计1.5分,上述条件均不满足的计3分 |
| | | | | | 结合非机动车组成和雨雪天气的推行需求,分析非机动车道纵坡坡长与坡度 | 2 | 纵坡坡度小于等于2.5%计0分,纵坡坡度小于3.5%且坡长满足规范要求计1分,否则计2分 |
| | | | | 线形组合 | 结合运行速度、交通组成,分析平纵线形的设计参数组合和相对位置的合理性 | 2 | 线形组合不合理计2分,否则计0分 |
| | | | | 视距 | 结合运行速度分析道路的停车视距 | 1 | 同时满足运行速度和设计速度条件下的视距计0分,满足运行速度和设计速度之一的视距计0.5分,否则计1分 |
| | | | | | 货车比例比较高的道路路段的货车停车视距 | 1 | |
| | | | | | 会车视距、超车视距 | 1 | |
| | | 路侧 | 2 | 路侧障碍物的处理措施 | | 2 | 障碍物完全移除计0分,障碍物移除至影响较小区域计1分,没有移除但设置防护设施计1.5分,否则计2分 |
| | | 平面交叉 | 11.5 | 相邻交叉口间距 | | 2 | 相邻交叉口间距满足规范要求计0分,否则计2分 |

表 B. 0. 4-2

| 一级指标 | 分值 | 二级指标 | 分值 | 三级指标 | 分值 | 计分依据 |
|---|---|---|---|---|---|---|
| 安全要素评价 | 88.5 | 平面交叉 | 11.5 | 平面交叉口的形式、交角、岔数 | 2 | 存在畸形、多路交叉的交叉口计 2 分 |
| | | | | 短间距交叉口的协调方式 | 1 | 采用的交通管理措施不恰当计 1 分 |
| | | | | 平面交叉口范围内通视情况 | 2 | 不满足设计速度停车视距计 1 分，不满足交通管理速度停车视距计 2 分 |
| | | | | 进口道车道数、车道宽度、功能划分及展宽段设计 | 1 | 不满足规范要求计 1 分 |
| | | | | 出口道车道布置与进口道的匹配性 | 1 | 进出口车道布置协调性差计 1 分 |
| | | | | 公交专用道进口道位置 | 1 | 公交专用道进口道位置不合理计 1 分 |
| | | | | 交叉口范围内公交站台停靠站的布置 | 0.5 | 公交站台停靠站设置位置不合理计 0.5 分 |
| | | | | 分析交通冲突情况 | 1 | 交通冲突情况严重计 1 分 |
| | | 互通式立体交叉 | 12 | 互通式立体交叉的选址及形式 | 1.5 | 选址与地形、路网布局相匹配，立交形式符合规范要求计 0 分，立交形式需调整时计 1 分，选址需调整时计 1.5 分 |
| | | | | 结合运行速度分析立体交叉相邻出入口之间的距离 | 1.5 | 立体交叉构造长度、两独立立体交叉间距、匝道口最小净距 3 项指标每有 1 项不满足要求计 0.5 分 |
| | | | | 靠近平面交叉口出口匝道与交叉口交通量、车道布置的匹配性 | 1 | 匝道出口交通量与交叉口交通量、车道布置的匹配性不足计 1 分，否则计 0 分 |
| | | | | 立交出入口位置 | 1 | 出口或入口位置位于跨线桥后或凸形竖曲线上坡道上，计 1 分 |
| | | | | 立交匝道平面与纵断面线形 | 2 | 匝道的平面或纵断面线形每有 1 项不满足规范要求计 0.5 分 |

表 B. 0. 4-2

| 一级指标 | 分值 | 二级指标 | 分值 | 三级指标 | 分值 | 计分依据 |
|---|---|---|---|---|---|---|
| 安全要素评价 | 88.5 | 互通式立体交叉 | 12 | 变速车道的长度、渐变率、渐变段长度和车道宽度 | 1 | 不满足规范要求计 1 分 |
| | | | | 辅助车道长度、宽度和渐变率 | 1 | |
| | | | | 集散车道的车道数、车道宽度、与主线车行道分隔和连接设计等参数 | 1 | |
| | | | | 结合运行速度分析主线和匝道停车视距 | 1 | |
| | | | | 匝道分合流鼻端的通视情况 | 1 | |
| | | 行人和非机动车系统 | 4.5 | 行人和非机动车道设置的连续性 | 1.5 | 有中断时计 1.5 分 |
| | | | | 行人与非机动车过街设施的设置位置、形式 | 1 | 视距不良时计 1 分 |
| | | | | 学校、幼儿园、医院、商业中心、养老院等人流集中区域人行过街设施的针对性 | 1 | 过街设施设置不符合行人过街的便捷性计 1 分 |
| | | | | 双向 6 车道及以上道路过街安全岛设置情况 | 1 | 设置不符合规范要求计 1 分 |
| | | 公共交通设施 | 3 | 公交专用车道位置与道路横断面布局、交叉口布局的匹配性 | 2 | 横断面少于双向 6 车道计 0.5 分，公交专用车道布置形式与车流量、站距不匹配计 1 分，在交叉口对社会车辆存在较大干扰计 0.5 分 |
| | | | | 行人过街设施和公交停靠站的协调情况 | 1 | 异向换乘间距大于 150 m 或公交站停靠车辆对行人过街视距有遮挡，计 1 分 |
| | | 桥梁 | 7.5 | 结合运行速度分析主线和引道的线形一致性 | 2.5 | 根据本标准表 5.2.1，运行速度协调性好计 0 分，较好计 1 分，不良计 2.5 分 |
| | | | | 上跨桥梁的墩台、上部结构对道路视距的影响 | 2 | 同时满足运行速度和设计速度条件下的视距计 0 分，满足运行速度和设计速度之一的视距计 1 分，满足管理速度下的视距计 1.5 分，否则计 2 分 |

表 B. 0. 4-2

| 一级指标 | 分值 | 二级指标 | 分值 | 三级指标 | 分值 | 计分依据 |
|---|---|---|---|---|---|---|
| 安全要素评价 | 88.5 | 桥梁 | 7.5 | 交叉口区域桥梁布跨对视距的影响 | 3 | 同时满足运行速度和设计速度条件下的视距计0分，满足运行速度和设计速度之一的视距计1分，满足管理速度下的视距计2分，否则计3分 |
| | | 隧道 | 9.5 | 隧道洞口的朝向、洞门形式 | 2 | 洞口的朝向、洞门形式充分考虑了洞口黑白洞效应影响和驾驶平顺性计0分；当条件困难时，通过主动防护设施和照明的合理设置保证行驶安全计1分，否则计2分 |
| | | | | 隧道洞口内外的线形一致性 | 2.5 | 根据本标准表5.2.1，运行速度协调性好计0分，较好计1分，否则计2.5分 |
| | | | | 结合运行速度分析隧道曲线段停车视距 | 2 | 同时满足运行速度和设计速度条件下的视距计0分，满足运行速度和设计速度之一的视距计1分，满足管理速度下的视距计1.5分，否则计2分 |
| | | | | 隧道出入口间距 | 1 | 满足规范要求计0分，否则计1分 |
| | | | | 隧道洞口与相邻匝道出入口间距 | 1 | |
| | | | | 隧道出口距交叉口距离 | 1 | |
| | | 交通设施 | 7.5 | 交通设施的设置等级、设置类型等与主体工程的适应性 | 2 | 交通设施设置等级符合现行国家标准《城市道路交通设施设计规范》GB 50688的要求计0分，否则计2分 |
| | | | | 交通设施规范性及与周边道路的协调性 | 1.5 | 交通设施设置系统完善计0分，设置较为完善计1分，不完善计1.5分 |

**表 B.0.4-2**

| 一级指标 | 分值 | 二级指标 | 分值 | 三级指标 | 分值 | 计分依据 |
|---|---|---|---|---|---|---|
| 安全要素评价 | 88.5 | 交通设施 | 7.5 | 车流与人流密集区、桥头急弯、隧道洞口、互通立交、长大隧道或桥梁、隧道与互通立交或平面交叉相连等危险路段交通设施的综合设置情况 | 2 | ①标志设置正确合理(版面、位置、标志间组合等);②标线设置正确合理(形式、颜色、位置等);③标志和标线材料满足要求(逆反射系数、抗滑性等);④标志、标线相互配合、互不干扰。每有1项存在缺陷计0.5分 |
| | | | | 路侧和中央分隔带防撞护栏的防护等级和形式 | 2 | ①防撞等级满足要求;②防撞高度、长度满足要求;③不同形式、不同防撞等级护栏间过渡处置合理;④护栏端头、匝道三角端或固定障碍物等处设置缓冲设施。每有1项存在缺陷计0.5分 |
| | | 改扩建道路 | 2 | 改扩建工程实施阶段周边路网交通组织方案 | 1 | ①交通组织方案充分考虑了改扩建路段施工工期、施工工艺对交通的影响;②临时道路设置与交通量匹配。每有1项存在缺陷计0.5分 |
| | | | | 利用原有设计指标的合理性及采取的安全措施 | 1 | 利用原有设计指标且符合现行标准计0分,通过交通管理措施使其符合现行标准计0.5分,否则计1分 |

**表 B.0.4-3　施工图设计阶段交通安全风险值计算表**

| 一级指标 | 分值 | 二级指标 | 分值 | 三级指标 | | 分值 | 计分依据 |
|---|---|---|---|---|---|---|---|
| 总体评价 | 8 | — | — | 前期安全评价意见的响应情况 | | 2 | 全面响应了安全评价意见计 0 分，部分响应计 1 分，否则计 2 分 |
| | | | | 初步设计审查中与交通安全相关意见的执行情况 | | 2 | 全面响应了批复中的相关意见计 0 分，部分响应计 1 分，否则计 2 分 |
| | | | | 降雨、冰冻、降雪、雾等不良天气对交通安全的影响及应对方案 | | 2 | 从路面材料、主动预警设施、被动防护设施和交通管理措施 4 个方面进行评价，每有 1 项存在缺陷计 0.5 分 |
| | | | | 道路建筑限界内是否有入侵物体 | | 1 | 无入侵物体计 0 分，否则计 1 分 |
| | | | | 道路全线净高的一致性 | | 1 | 全线净高满足规范要求且全线一致计 0 分，有局部不一致但有完善的管理措施计 0.5 分，否则计 1 分 |
| 安全要素评价 | 92 | 道路线形 | 9 | 快速路进行相邻路段线形一致性和同一路段设计速度与运行速度协调性分析 | | 2 | 根据本标准表 5.2.1，运行速度协调性好计 0 分，较好计 1 分，不良计 2 分 |
| | | | | 横断面 | 分隔带的开口设置位置和视距 | 1 | 分隔带开口位置同时满足转弯车辆运行速度和设计速度条件下的视距计 0 分，满足运行速度和设计速度之一条件下的视距计 0.5 分，否则计 1 分 |
| | | | | 平面与纵断面 | 结合运行速度、交通组成对采用的超高值、超高过渡方式和超高缓和段相关指标进行评价 | 1 | 取值能平衡大型车和小型车不同环境条件下的滑移问题时计 0 分，否则计 1 分 |
| | | | | | 圆曲线加宽值及加宽形式 | 1 | 满足规范规定值的计 0 分，否则计 1 分 |
| | | | | | 超高缓和段的合成坡度 | 1 | 最小合成坡度不小于 0.5%，计 0 分；小于 0.5%但采取综合排水措施，计 0.5 分；否则计 1 分 |

表 B.0.4-3

| 一级指标 | 分值 | 二级指标 | 分值 | 三级指标 | | 分值 | 计分依据 |
|---|---|---|---|---|---|---|---|
| 安全要素评价 | 92 | 道路线形 | 9 | 平面与纵断面 | 设置超高的曲线路段与陡下坡路段组合时，评价弯坡组合对大型车行驶稳定性的影响 | 1 | 根据本标准表 5.2.1，运行速度协调性好计 0 分，较好计 0.5 分，不良计 1 分 |
| | | | | 视距 | 平曲线内侧有路堑边坡、挡墙、绿化、声屏障、防眩设施等影响视距路段的视距 | 2 | 同时满足运行速度和设计速度条件下的视距计 0 分，满足运行速度和设计速度之一的视距计 1 分，否则计 2 分 |
| | | 路侧 | 2 | 路侧障碍物的处理措施 | | 1 | 路侧障碍物距离车道边缘线大于 1 m 计 0 分，小于 1 m 但设置了相应的防护设施计 0.5 分，否则计 1 分 |
| | | | | 路侧出入口的位置、接入方式、视距和交通冲突情况 | | 1 | 出入口的设计加剧了行人、非机动车与机动车的交通冲突计 1 分 |
| | | 平面交叉 | 4.5 | 交通冲突情况 | | 1 | 交叉口每增加 1 个正向或横穿冲突点计 0.5 分 |
| | | | | 进口道车道划分、交通管理方式与交通流的匹配性 | | 1 | 车道划分、交通管理方式与交通流匹配性不足计 1 分 |
| | | | | 交叉口范围内公交站台的布置 | | 0.5 | 公交站台停靠站设置位置不合理计 0.5 分 |
| | | | | 结合交通组织方式和运行速度，对平面交叉口通视三角形的通视、速度控制情况进行评价 | | 1 | 满足设计速度停车视距计 0 分，满足交通管理速度停车视距计 0.5 分，否则计 1 分 |
| | | | | 大型车辆流量占比大的平面交叉口右转弯区域交通管理设施 | | 1 | 管理设施存在缺陷计 1 分 |
| | | 立体交叉 | 5 | 结合运行速度对立体交叉分合流鼻端的通视情况、匝道的视距进行评价 | | 2 | 同时满足运行速度和设计速度条件下的视距计 0 分，满足运行速度和设计速度之一条件下的视距计 0.5 分，满足管理速度条件下的视距计 1 分，否则计 2 分 |

表 B.0.4-3

| 一级指标 | 分值 | 二级指标 | 分值 | 三级指标 | 分值 | 计分依据 |
|---|---|---|---|---|---|---|
| 安全要素评价 | 92 | 道路线形 | 9 | 结合运行速度评价变速车道长度、渐变率、渐变段长度 | 1 | 线形指标不满足现行规范要求计 1 分 |
| | | | | 辅助车道长度、宽度和渐变率等参数 | 1 | |
| | | | | 集散车道的车道数、车道宽度、设计速度、与主线车行道分隔和连接设计等参数 | 1 | |
| | | 行人和非机动车 | 3.5 | 过街设施区域照明、交通管理方式 | 0.5 | 照明或交通管理方式存在缺陷计 0.5 分 |
| | | | | 二次过街安全岛的设置情况 | 1 | 设置二次过街设施且安全岛满足规范要求计 0 分，设置二次过街设施但安全岛设置不符合规范计 0.5 分，未按规范设置安全岛计 1 分 |
| | | | | 行人系统无障碍设施设置情况 | 1 | 未设置无障碍设施计 1 分 |
| | | | | 环形交叉口非机动车与行人的安全保障措施 | 1 | 无行人过街信号控制计 1 分 |
| | | 公共交通设施 | 1 | 公交专用道和公交停靠站点的标志、标线设置情况 | 0.5 | 不满足现行规范要求计 0.5 分 |
| | | | | 公交停靠站区域，公交车与社会车辆和非机动车的冲突情况 | 0.5 | 停靠站完全占用了交通流量大的非机动车或机动车车道计 0.5 分 |
| | | 路基路面 | 3 | 不同路面材料衔接或路面抗滑性能变化明显路段的过渡措施 | 2 | 抗滑性能不满足现行上海市工程建设规范《路面设计标准》DG/TJ 08—2131 相关规定计 2 分 |
| | | | | 路面平整度和管线检查井盖等对行车安全的影响 | 0.5 | 管线检查井盖未采用防沉降措施计 0.5 分 |
| | | | | 人行天桥、地道坡面铺装的防滑设计 | 0.5 | 未进行防滑设计分析计 0.5 分 |
| | | 桥梁 | 2 | 当上跨桥梁的桥墩柱位于或邻近道路建筑限界时，对桥梁墩柱的防护设施进行评价 | 2 | 设置防护等级匹配的防护设施计 0 分，设置较低防护等级的防护设施计 1 分，否则计 2 分 |

表 B.0.4-3

| 一级指标 | 分值 | 二级指标 | 分值 | 三级指标 | | 分值 | 计分依据 |
|---|---|---|---|---|---|---|---|
| 安全要素评价 | 92 | 隧道 | 7 | 结合运行速度评价隧道曲线段视距 | | 2 | 同时满足运行速度和设计速度条件下的视距计 0 分，满足运行速度和设计速度之一条件下的视距计 0.5 分，满足管理速度条件下的视距计 1 分，否则计 2 分 |
| | | | | 隧道内的照明设计 | | 1 | 光照照度、眩光限制和诱导性不满足规范要求计 1 分 |
| | | | | 隧道洞口亮度及照明过渡对交通安全的影响 | | 2 | 不能有效改善隧道洞口的黑白洞效应计 2 分 |
| | | | | 隧道疏散救援设施的设置情况 | | 1 | 设置位置和间距不符合现行行业标准《城市地下道路工程设计规范》CJJ 221 相关要求时计 1 分 |
| | | | | 隧道内紧急避险车道、逃生通道、紧急电话、消防设施等应急设施的设置情况 | | 1 | 存在设施设置缺失和不规范计 1 分 |
| | | 交通设施 | 43 | 整体核查 | 交通设施的设置等级与主体工程的适应性 | 2 | 交通设施设置等级符合现行国家标准《城市道路交通设施设计规范》GB 50688 的要求时计 0 分，否则计 2 分 |
| | | | | | 交通设施规范性及与周边道路的协调性 | 2 | 交通设施系统设置完善计 0 分，设置较为完善计 1 分，不完善计 2 分 |
| | | | | | 车流、人流密集路段和危险路段交通设施的综合设置情况 | 1 | 路段交通设施设置等级不符合现行国家标准《城市道路交通设施设计规范》GB 50688 的要求计 1 分 |
| | | | | 交通标志 | 标志的设置高度、角度和版面设计 | 1 | 标志设置的高度、角度、版面不符合现行国家标准《城市道路交通标志和标线设置规范》GB51038 的要求时计 1 分 |
| | | | | | 标志的设置间距及前置距离 | 1 | 标志的设置位置不符合现行国家标准《城市道路交通标志和标线设置规范》GB51038 的要求时计 1 分 |
| | | | | | 标志信息的合理性、有效性及信息量 | 1 | 标志存在信息不足、不当或过载计 1 分 |

表 B.0.4-3

| 一级指标 | 分值 | 二级指标 | 分值 | 三级指标 | | 分值 | 计分依据 |
|---|---|---|---|---|---|---|---|
| 安全要素评价 | 92 | 交通设施 | 43 | 标志与标线及其他管理设施传递信息的一致性 | | 1 | 不同交通设施存在传递信息不一致计1分 |
| | | | | 绿化、构造物、广告牌、户外大型显示屏等对标志视认性的影响 | | 1 | 影响了驾驶人员对标志的视认性计1分 |
| | | | | 交通标志 | 结合运行速度评价标志版面尺寸、文字高度 | 1 | 上述设置参数不符合现行国家标准《城市道路交通标志和标线设置规范》GB 51038的要求时计1分 |
| | | | | | 标志版面的反光强度等级与光线、气候条件及设计速度的适应性 | 1 | |
| | | | | | 限速标志的设置位置、间距和相邻限速差值 | 1 | |
| | | | | | 指路标志版面信息排列顺序及布置方式 | 1 | |
| | | | | 交通标线 | 标线的形式、颜色、反光性能、宽度、防滑性能等 | 1 | 设置参数不符合现行国家标准《城市道路交通标志和标线设置规范》GB 51038的要求时计1分 |
| | | | | | 车道数和道路宽度变化处的标线过渡情况 | 1 | |
| | | | | | 靠近道路建筑限界的桥墩、隧道洞口、实体安全岛等构造物立面标记的设置情况 | 1 | |
| | | | | | 减速标线设置的形式、位置、长度 | 1 | 设置参数不符合现行国家标准《城市道路交通标志和标线设置规范》GB 51038的要求时计1分 |
| | | | | | 纵向标线与交通组织渠化的匹配性 | 1 | 纵向标线与交通组织渠化的匹配性不良计1分 |

**表 B. 0. 4-3**

| 一级指标 | 分值 | 二级指标 | 分值 | 三级指标 | | 分值 | 计分依据 |
|---|---|---|---|---|---|---|---|
| 安全要素评价 | 92 | 交通设施 | 43 | 交通标线 | 连续设置标线排水缝的设置情况 | 1 | 连续长标线没有设置排水缝计 1 分 |
| | | | | | 突起路标的设置位置、间距、反光性能、诱导效果 | 1 | 设置参数不符合现行国家标准《城市道路交通标志和标线设置规范》GB 51038 的要求时计 1 分 |
| | | | | | 路面文字标记或图形标记的尺寸、间距、方向 | 1 | |
| | | | | 视线诱导设施 | 轮廓标、线形诱导标等视线诱导设施设置的位置、间距、高度 | 2 | 轮廓标、线形诱导标的设置不符合现行国家标准《城市道路交通标志和标线设置规范》GB 51038 的要求时计 2 分 |
| | | | | 防护设施 | 路侧和中央分隔带防撞护栏的等级和形式 | 2 | 护栏防护等级和形式选择不合理计 2 分 |
| | | | | | 交叉口、匝道出入口、小半径平曲线段和路侧出入口处防护设施对视距的影响 | 1 | 防护设施的设置导致停车视距不满足要求计 1 分 |
| | | | | | 防撞护栏设置起点、终点、最小长度等参数 | 1 | 防撞护栏的起点、终点设置不合理或长度不符合现行国家标准《城市道路交通设施设计规范》GB 50688 的要求时计 1 分 |
| | | | | | 不同类型、防护等级护栏之间的衔接与过渡设计 | 1 | 不同类型、防护等级护栏之间没有进行过渡处理计 1 分 |
| | | | | | 护栏端头处理 | 1 | 防撞护栏的端头没有进行处理计 1 分 |
| | | | | | 隧道端墙、桥墩、分流鼻端等处的防护设施设置情况 | 1 | 靠近行车道的端墙、桥墩和分流鼻端处没有设置防护设施计 1 分 |

表 B.0.4-3

| 一级指标 | 分值 | 二级指标 | 分值 | 三级指标 | | 分值 | 计分依据 |
|---|---|---|---|---|---|---|---|
| 安全要素评价 | 92 | 交通设施 | 43 | 防护设施 | 缓冲设施的设置 | 1 | 上述设施设置不符合现行国家标准《城市道路交通设施设计规范》GB 50688 的要求时计 1 分 |
| | | | | | 限界结构防撞设施的设置 | 1 | |
| | | | | | 人行护栏的设置情况 | 1 | |
| | | | | | 分隔设施设置形式、位置和高度 | 1 | |
| | | | | | 防眩设施形式和设置角度 | 1 | |
| | | | | | 高架和桥梁防落物网的设置情况 | 1 | 设置不符合现行行业标准《公路交通安全设施设计规范》JTG D81 的要求时计 1 分 |
| | | | | | 限高架的位置和高度 | 1 | |
| | | | | | 限高架上游路段预告标志、绕行标志的设置 | 1 | 未对超限车辆设置预告标志和绕行标志计 1 分 |
| | | | | | 路缘石的高度及形式 | 1 | 设置不符合规范要求时计 1 分 |
| | | | | | 声屏障的设置位置、形式等对视距的影响 | 1 | 声屏障的设置对驾驶员的视距造成不良影响时计 1 分 |
| | | | | | 路缘石的高度及形式 | 1 | 设置不符合规范要求或通过分析存在较大风险时计 1 分 |
| | | | | 评价不同车道对交通信号灯的视认情况 | | 1 | 各车道对信号灯的视认存在盲区计 1 分 |
| | | 排水 | 4 | 隧道内排水、隔水情况 | | 1 | 隧道的隔水、排水设施存在缺陷计 1 分 |
| | | | | 桥梁的路面排水情况 | | 1 | 桥面横坡取值偏低、排水设施不完善计 1 分 |
| | | | | 平面交叉口的路面排水情况 | | 1 | 平面交叉的竖向设计和排水设施存在缺陷计 1 分 |
| | | | | 下穿式道路的排水情况 | | 1 | 下穿道路的隔水、排水设施存在缺陷计 1 分 |
| | | 绿化 | 2 | 平面交叉口、出入口、中央分隔带开口、圆曲线内侧等位置绿化对视距的影响 | | 2 | 采用植物生长预测的方式进行视距检查，不满足视距要求计 2 分 |

表 B.0.4-3

| 一级指标 | 分值 | 二级指标 | 分值 | 三级指标 | 分值 | 计分依据 |
| --- | --- | --- | --- | --- | --- | --- |
| 安全要素评价 | 92 | 照明 | 4 | 照明设施的设置位置、照明效果与眩光影响 | 1 | 从路面平均亮度、路面亮度总均匀度和纵向均匀度、眩光限制、环境比和诱导性方面进行评价，不满足规范要求计1分 |
| | | | | 不同照明标准相接道路照明过渡设计的协调性 | 1 | |
| | | | | 小半径曲线、桥梁、隧道、互通立交匝道和平面交叉口等路段照明的诱导性 | 1 | |
| | | | | 人行横道、人行天桥和人行地道照明情况 | 1 | |
| | | 改扩建道路 | 2 | 改扩建过程的交通组织方案 | 1 | ①交通组织方案充分考虑了改扩建路段施工工期、施工工艺对交通的影响；②临时道路的设置与交通量匹配。每有1项不满足要求计0.5分 |
| | | | | 路线线形顺接、路面拼接和既有交通安全设施再利用的合理性 | 1 | 相关指标不符合现行标准要求计1分 |

**B.0.5** 运营阶段道路交通安全风险评级应采用现场实测的方法结合表B.0.4-2和表B.0.4-3进行评估。

# 附录C 运行速度计算方法

## C.1 一般规定

**C.1.1** 城市快速路运行速度代表车型宜符合表C.1.1的规定。

表C.1.1 代表车型

| 车型 | 车身长度 |
|---|---|
| 小型车 | ≤6 m |

**C.1.2** 应按行车方向计算运行速度，分析单元的起、终点作为运行速度计算的特征点，分析单元纵坡方向应与行车方向一致。

**C.1.3** 计算运行速度时，应首先确定第一个分析单元的起点初始运行速度，根据此单元对应的运行速度预测模型，计算单元末端的运行速度，并以此作为第二个分析单元的初始运行速度，以此类推。

**C.1.4** 运行速度预测模型分为基本模型和修正模型，其中基本模型包括平直路段模型、纵坡路段模型、曲线路段模型、互通式立体交叉路段模型、隧道路段模型，修正模型包括交通流量修正模型、车道宽度修正模型和匝道密度修正模型。

**C.1.5** 分析单元的起、终点运行速度均不大于期望速度，也不小于分析单元对应的最低运行速度。当计算结果大于期望速度时，宜以期望速度代表其运行速度；当计算结果小于最低运行速度时，宜以最低运行速度代表其运行速度。

## C.2 城市快速路运行速度

**C.2.1** 分析单元划分宜符合下列规定：

**1** 宜将城市快速路划分为平直路段、纵坡路段、曲线路段、互通式立体交叉路段和隧道路段等分析单元。

**2** 平直路段是指车行道不受出入口分流、合流、交织车流以及道路线形条件影响的平直路段。当分段后的平直路段长度不大于 200 m 时，该路段起终点的运行速度保持不变。

**3** 纵坡段是指纵断面坡度大于或等于 3%的路段，包括上坡段和下坡段。

**4** 曲线段是指圆曲线半径小于或等于 600 m 的路段。

**5** 互通式立体交叉路段是指上游变速车道渐变段起点至下游变速车道渐变段终点的主线路段。

**6** 隧道路段是指隧道入口前 200 m 至隧道出口后 100 m 之间的路段。相邻隧道出口与入口间距小于 200 m 的隧道，可视为同一隧道路段。短隧道按照平直路段计算。

**C.2.2** 小型车初始运行速度、期望速度、最低运行速度和加速度宜符合下列规定：

**1** 初始运行速度、期望速度、最低运行速度宜根据设计速度按表 C.2.2-1 确定。

**表 C.2.2-1 各类速度推荐值(km/h)**

| 设计速度 | 100 | 80 | 60 |
|---|---|---|---|
| 初始运行速度 $v_0$ | 100 | 80 | 60 |
| 期望速度 $v_e$ | 120 | 100 | 80 |
| 最低运行速度 | 70 | 50 | 40 |

**2** 推荐加速度宜按表 C.2.2-2 确定。

表 C.2.2-2 加速度推荐值($m/s^2$)

| 加速度 | $a_{min}$ | $a_{max}$ |
|---|---|---|
| 取值 | 0.05 | 0.4 |

**C.2.3** 平直路段终点的运行速度宜按式(C.2.3-1)确定。

$$v_{out} = 3.6\sqrt{\left(\frac{v_{in}}{3.6}\right)^2 + 2as} \quad (C.2.3-1)$$

式中:$v_{out}$——平直路段终点运行速度(km/h);

$v_{in}$——平直路段起点速度(km/h);

$s$——路段长度(m);

$a$——加速度($m/s^2$),按式(C.2.3-2)计算。

$$a = a_{min} + (a_{max} - a_{min})\left(1 - \frac{v_{in}}{v_e}\right) \quad (C.2.3-2)$$

式中:$a_{max}$——最大加速度($m/s^2$);

$a_{min}$——最小加速度($m/s^2$);

$v_e$——期望速度(km/h)。

**C.2.4** 纵坡路段运行速度宜按表 C.2.4 所示模型折减。

表 C.2.4 纵坡路段预测模型

| 纵坡 | 预测模型 |
|---|---|
| 上坡 | $v_{out} = v_{in} - 0.826(l/100)$ |
| 下坡 | $v_{out} = v_{in} + 1.032(l/100)$ |

注:$v_{out}$ 为纵坡路段终点运行速度(km/h);$v_{in}$ 为纵坡路段起点运行速度(km/h);$l$ 为纵坡坡长(m)。

**C.2.5** 曲线路段运行速度预测宜符合下列规定:

**1** 曲线路段应从曲线中点进行分段,分别对曲线中点和曲线出口处的运行速度进行预测。

2　曲线中点和曲线出口处运行速度宜按表 C.2.5 的模型进行预测。

**表 C.2.5　曲线路段运行速度预测模型**

| 位置 | 预测模型 |
|---|---|
| 曲线中点 | $v_{middle}=0.882v_{in}+7.611\ln R-40.991$ |
| 曲线出口 | $v_{out}=0.823v_{middle}+6.77\ln R-31.623$ |

注：$v_{middle}$ 为曲线路段中点速度(km/h)；$v_{in}$ 为曲线路段起点速度(km/h)；$R$ 为曲线半径(m)；$v_{out}$ 为曲线路段出口速度(km/h)。

**C.2.6**　互通式立体交叉路段的运行速度宜在前述分析单元的运行速度预测基础上折减 8 km/h。

**C.2.7**　隧道路段的运行速度宜按表 C.2.7 的模型预测。

**表 C.2.7　隧道路段运行速度预测模型**

| 位置 | 预测模型 |
|---|---|
| 隧道洞口 | $v_1=0.99v_{in}-11.07$ |
| 隧道内 | $v_2=0.81v_{in}+8.22$ |
| 驶出隧道洞口后 100 m | $v_3=0.74v_{in}+16.43$ |

注：$v_{in}$ 为隧道入口前 200 m 处的速度(km/h)。

**C.2.8**　宜考虑分析单元的实际通行能力，按表 C.2.8 的影响系数乘以基本模型预测的运行速度进行修正。

**表 C.2.8　交通流量对运行速度的影响系数**

| 高峰小时系数 | 影响系数 |
|---|---|
| 0.86～0.88 | 45%～48% |
| 0.89～0.91 | 49%～53% |
| 0.92～0.94 | 54%～58% |
| 0.95～0.97 | 59%～63% |
| 0.98～1.00 | 64%～67% |

注：高峰小时系数表示高峰小时内交通量不平衡性，计算方法为高峰小时交通量与高峰小时内高峰时段的交通量扩大为 1 h 的交通量之比。

**C.2.9** 宜考虑车道宽度，按表 C.2.9 的影响系数乘以基本模型预测的运行速度进行修正。

**表 C.2.9 车道宽度对运行速度的影响系数**

| 车道宽度(m) | 影响系数 |
| --- | --- |
| 3.25 | 0.95 |
| 3.5 | 1.00 |
| 3.75 | 1.05 |

**C.2.10** 宜考虑匝道密度，按表 C.2.10 的影响系数乘以基本模型预测的运行速度进行修正。

**表 C.2.10 匝道密度对运行速度的影响系数**

| 匝道密度(个/km) | 影响系数 |
| --- | --- |
| 0.1～0.3 | 0.94～0.97 |
| 0.4～1.0 | 0.92～0.93 |
| 1.1～1.3 | 0.86～0.91 |
| 1.4～1.6 | 0.70～0.82 |
| 1.7～1.9 | 0.40～0.62 |

# 本标准用词说明

**1** 为便于在执行本标准条文时区别对待，对要求严格程度不同的用词说明如下：

**1**）表示很严格，非这样做不可的用词：

正面词采用“必须”；

反面词采用“严禁”。

**2**）表示严格，在正常情况下均应这样做的用词：

正面词采用“应”；

反面词采用“不应”或“不得”。

**3**）表示允许稍有选择，在条件许可时首先应这样做的用词：

正面词采用“宜”；

反面词采用“不宜”。

**4**）表示有选择，在一定条件下可以这样做的用词，采用“可”。

**2** 条文中指明应按其他有关标准执行的写法为“应符合……的规定”或“应按……执行”。

# 引用标准名录

**1** 《城市道路交通设施设计规范》GB 50688
**2** 《城市道路交通标志和标线设置规范》GB 51038
**3** 《城市道路交通工程项目规范》GB 55011
**4** 《城市道路工程设计规范》CJJ 37
**5** 《城市快速路设计规程》CJJ 129
**6** 《城市道路交叉口设计规程》CJJ 152
**7** 《城市道路路线设计规范》CJJ 193
**8** 《城市地下道路工程设计规范》CJJ 221
**9** 《城市道路平面交叉口规划与设计标准》DG/TJ 08—96
**10** 《城市道路设计规程》DGJ 08—2106
**11** 《城市道路立体交叉规划与设计标准》DG/TJ 08—2283

上海市工程建设规范

# 城市道路交通安全评价标准

DG/TJ 08—2407—2022
J 16645—2022

## 条 文 说 明

2023　上海

# 目　次

# Contents

# 1 总　则

**1.0.1** 本标准“道路交通安全评价”指在工程质量满足国家相关技术标准的前提下，从道路条件、交通设施设计、交通组织管理等方面分析影响交通安全的问题，并提出评价结论和改善方法，为城市道路使用者提供有利于交通安全的道路、设施和交通环境。一些发达国家也称道路安全审计(Road Safety Audit, RSA)，其核心为评价道路及其设施和交通环境对交通安全的影响，目的是通过评价提供有利于交通安全的条件，从而减少交通事故，降低交通事故危害程度，提高安全水平。

RSA起源于英国，随后澳大利亚、新西兰、丹麦、荷兰、美国等国家相继实施。我国交通运输部于2004年11月1日发布行业标准《公路项目安全性评价指南》JTG/T B05—2004，并于2015年将其升级为公路行业标准《公路项目安全性评价规范》JTG B05—2015，对完善公路设施、改善交通环境、提升公路安全水平起到了重要作用。目前，我国正处于机动化、城镇化快速交织发展时期，城市交通环境复杂多变，交通冲突高度集中。我国城市道路里程仅占全国道路总里程的7.5%，但城市道路交通事故数却占全国道路交通事故数的45.8%，城市道路交通事故伤亡人数占全国道路交通事故伤亡总数的38.8%，城市道路每百公里交通事故数量是高速公路的4倍，城市道路交通安全问题非常严峻，因此有必要开展城市道路交通安全评价。

但由于城市道路与公路在分级标准、横断面组成、线形指标控制、路侧环境、交通组成与运行特点、交通组织与管理方式、照明要求等方面均存在显著差异，无法直接套用公路安全评价相关规范。因此，有必要针对城市道路特点编制交通安全评价标准，指导城市道路交通的工程建设和管理，从源头上保证道路交通安全，改善行车环境，消除安全隐患。

根据国际惯例和公路行业安全性评价的实践经验，为了使评价结论客观公正，交通安全评价通常由业主或相关管理单位委托第三方单位承担。第三方单位通常指具有市政道路设计、咨询相关资质，且与本项目设计、施工、监理等无直接利益关系的单位。

# 2 术语和符号

## 2.1 术 语

**2.1.1** 本标准主要针对城市道路进行交通安全评价，本标准中的“交通安全”与现行行业标准条文中出现的“行车安全”“运行安全”“运营安全”等词语相对应。

**2.1.2** 在驾驶过程中，车辆的实际行驶速度随着道路线形、车辆性能和驾驶员习惯等条件的变化而变化，在条件允许时，驾驶员倾向于采用较高的行驶速度，易产生加速或减速不及时的问题。综合考虑驾驶行为、心理、视觉需求、车辆性能、线形特征等因素对行驶安全性的影响，国内外均提出车辆在车速累计分布曲线上85％位的行驶速度来作为交通安全评价的指标之一，即运行速度。

# 3 基本规定

**3.0.2** 运营阶段的内容适用于道路通车后安全状况发生较大变化，或大中修、改扩建时的交通安全评价。

**3.0.4** 进行城市道路交通安全评价工作时，宜根据安全评价清单所划分的评价阶段和评价内容，采用适宜的评价方法，常用评价方法的优缺点、适用阶段、适用对象如表1所示。需注意的是，安全评价方法的选用不限于表1中的规定，可根据实际需求补充其他评价方法或评价对象。

**表1 城市道路交通安全评价方法适应性分析**

| 评价方法 | 优点 | 缺点 | 适用阶段 | 适用对象 |
| --- | --- | --- | --- | --- |
| 速度协调性分析 | 运行速度协调性与事故率密切相关，可评价道路、环境等多方面因素综合作用下的交通安全，可识别满足规范要求但存在隐患的路段 | 精确度依靠运行速度预测模型或实测运行速度，且预测模型不适用于交通流不连续的路段 | 初步设计、施工图设计、运营 | 城市快速路 |
| 交通冲突分析 | 利用冲突间接反映交通事故，可避免交通事故存在的样本少、周期长、数据获取困难等问题 | 多依赖于现场冲突观测，且交通冲突次数与交通事故数量间的换算关系较难确定 | 宜用于运营阶段，可用于初步设计和施工图设计阶段 | 平面交叉、匝道出入口、公交站点等各交通流冲突较多区域，适用于不同方案间或方案优化前后对比 |
| 驾驶行为分析 | 直接反映道路和交通环境对驾驶人的影响，可识别满足规范要求但存在隐患的路段 | 成本高、测量复杂、数据量大、分析复杂、干扰因素多，且各指标安全阈值难以确定 | 各个阶段，设计阶段需结合模拟驾驶 | 弯坡组合、立体交叉交织区、长大隧道等危险和复杂路段，适用于不同方案间或方案优化前后对比 |

**续表1**

| 评价方法 | 优点 | 缺点 | 适用阶段 | 适用对象 |
| --- | --- | --- | --- | --- |
| 交通事故统计分析 | 直观，说服力和逻辑合理性强，能判别出道路危险路段 | 需要大量的事故数据和基本交通数据，识别准确性受判定方法和阈值影响大 | 运营阶段 | 事故资料充足的已运营道路 |
| 经验分析 | 可操作性强，可用范围广 | 评价结果受评价人员或专家的主观影响大，客观性不足 | 各个阶段 | 无特定评价方法或安全阈值的对象 |
| 规范符合性检查 | 易操作，统一性强 | 为最低安全要求，且满足规范的设计不一定为安全的设计 | 运营阶段 | 交通安全相关设计指标需与现行标准进行核对的路段 |

# 4 总体评价

**4.0.1**

**2** 改扩建道路调查内容包括事故特征和致因、道路线形、路基路面技术状况、交通设施布设和质量状况、交通流量、交通组成、运行速度、交通违法行为数和违法原因、环境与天气特征等。

# 5 安全要素评价

## 5.1 道路线形

**5.1.1**

**1** 道路横断面设计应按道路等级、服务功能、交通特性，结合各种控制条件，在规划红线宽度范围内合理布设，安全评价内容应包括横断面形式、车道数、车道宽度、分车带布置、路肩设置和横坡坡度等。

**2** 同一条道路宜采用相同形式的横断面。当道路横断面变化时，应设置过渡段以保障司机的反应时间，尤其是对于桥梁、隧道与相接道路横断面不一致的情况。渐变段长度应根据车道变化宽度和车速确定，计算公式如下：

$$L=\begin{cases}V^2W/155 & (V\leqslant 60)\\0.625VW & (V>60)\end{cases} \tag{1}$$

式中，$L$ 为渐变段长度（m）；$V$ 为设计速度（km/h）；$W$ 为宽度变化值（m）。

渐变段长度应取式(1)和表 2 中的大值。当运行速度超过设计速度 20 km/h 以上时，宜用运行速度取代设计速度确定渐变段长度。

**表 2 渐变段长度最小值**

| 设计速度（km/h） | 20 | 30 | 40 | 50 | 60 | 70 | 80 | >80 |
|---|---|---|---|---|---|---|---|---|
| 最小值（m） | 20 | 25 | 30 | 35 | 40 | 70 | 85 | 100 |

横断面渐变段应设置配套的标志标线。当车道数或路面宽度变化时，应设置路面宽度渐变段标线，设置方法应符合现行国

家标准《城市道路交通标志和标线设置规范》GB 51038 的有关规定，同时应注意在横断面缩窄处上游不小于停车视距的位置设置道路缩窄警告标志。

**5.1.2** 驾驶员在道路上通常不是以设计速度驾驶车辆，而是根据线形条件、交通状况及自身的驾驶技术等选择合适的行驶速度。当圆曲线半径较小时，存在其与驾驶员驾驶期望差别大的问题，会造成运行速度突变，导致不安全驾驶行为。因此，应采用运行速度对圆曲线半径进行计算，计算公式如下：

$$R=\frac{{v_{85}}^{2}}{127(\mu+i)} \tag{2}$$

式中：$R$——路段运行速度要求的圆曲线半径(m)；

$v_{85}$——运行速度(km/h)；

$\mu$——横向力系数；

$i$——路拱横坡度(%)。

另外，当无法避免采用小半径圆曲线时，应配合设置限速标志、警告标志、防撞护栏及防滑设施。

**5.1.3** 自行车和电动自行车是城市道路交通中重要的组成部分，非机动车爬坡能力低，故在有非机动车通行的道路上，需按自行车爬坡能力控制纵坡与坡长。同时，在雨雪天气，非机动车骑行通过大纵坡道路难度增大，存在推行上坡或下坡的需求，由于电动自行车较重，过大过长的纵坡存在电动自行车推行者滑倒风险，故应结合非机动车交通组成和雨雪天气影响，评价纵坡坡度和坡长是否能满足骑行者在坡道上顺利通行。

**5.1.4**

**2** 急弯与陡坡组合易产生较大的合成坡度，不利于行车稳定性，尤其是对于重心较高、速度控制难度较大的货车。

**3** 超高缓和段由于横坡的变化易出现合成坡度过小的情况，会造成路面排水不畅、雨天易产生水膜和眩雾等情况，影响行车安全。

## 5.2 速度协调性与视距

**5.2.1** 国内外研究表明，运行速度作为道路几何设计、环境、车辆性能以及驾驶人心理、生理等多方面综合作用的表现，其协调性与事故率存在密切的关系，因此采用运行速度协调性进行线形设计的一致性评价。由于城市道路限制条件多，对于设计速度低于 60 km/h 的城市道路未强制要求线形一致性，且当速度较低时事故率和损伤程度也相应降低，故提出针对快速路进行相邻路段线形一致性和运行速度与设计速度协调性检验。

**1** 设计阶段通过预测运行速度对线形设计一致性进行评价。运行速度预测是行业标准《公路项目安全性评价规范》JTG B05—2015 推荐采用的重要方法，在近年的公路项目安全性评价工作中得到广泛的应用。本标准研究过程中通过对上海市快速路典型道路大量的运行速度观测数据进行统计分析，建立了城市快速路运行速度模型。

**2** 运营阶段的运行速度实测，可以采用数据收集的方式，也可以采用现场实际测量的方式。数据收集的方式包括历史浮动车数据、车辆 GPS 数据、视频摄像头数据、线圈数据、检测器数据等。现场实际测量的方式包括雷达、微波检测器、MC 气压管、激光检测器、地磁车检器、视频检测器等。

**3** 美国研究了运行速度车速差对安全的影响。对 5 278 个平曲线上采取的事故数据进行分析发现：速度差大于 20 km/h 的曲线事故率比速度差在 10 km/h～20 km/h 的事故率高出 2 倍，比速度差小于 10 km/h 的曲线事故率高 6 倍。IHSDM 以运行速度 $v_{85}$ 与设计速度的差值作为评价标准，并检验相邻路段运行速度的差值，本标准选用了与美国相同的评价标准。

运行速度梯度绝对值$|\Delta I_v|$采用式(3)进行计算。

$$|\Delta I_v| = \frac{|\Delta v_{85}|}{L} \times 100 \tag{3}$$

式中：$|\Delta I_v|$——运行速度梯度绝对值[km/(h·m)]；

$|\Delta v_{85}|$——分析单元起点、终点运行速度差值的绝对值(km/h)；

$L$——分析单元路段长度(m)。

**4** 西班牙选择99%位车速和设计速度的差值$|\Delta v_{99}|$评估安全性。$0 \leqslant \Delta v_{99} < 15$ km/h，为设计协调性优良；15 km/h$\leqslant |\Delta v_{99}| < 30$ km/h，为设计协调性一般；30 km/h$\leqslant |\Delta v_{99}| <$ 45 km/h，为设计协调性差；$|\Delta v_{99}| \geqslant 45$ km/h，为设计协调性危险。考虑西班牙与我国选择的指标不同，且基本交通状况存在较大的差异，因此本标准参照行业标准《公路项目安全性评价规范》JTG B05—2015，选用20 km/h为判定阈值。

**5.2.2** 视距是保证交通安全的重要因素，世界各国对视距均有要求。运行速度与实际行车速度更接近，因此，当运行速度大于设计速度时，本标准推荐采用运行速度代替设计速度对停车视距、会车视距、识别视距进行核算。对于各级城市道路，当无会车或超车需求时，应对停车视距进行评价，计算公式如下：

$$S_s = \frac{Vt}{3.6} + \frac{\beta_s V^2}{254(\mu \pm i)} + S_a \tag{4}$$

式中，$S_s$为停车视距(m)；$V$为运行速度(km/h)；$t$为反应时间(s)；$\beta_s$为安全系数，可取1.2；$\mu$为路面摩擦系数，可取0.4；$i$为纵坡度(%)；$S_a$为安全距离，可取5 m。

有些路段虽然满足小客车的停车视距，但不一定满足货车停车视距的要求，世界多个国家提出了货车停车视距标准。国外一项研究表明，运行车辆中货车比例每增加 1%，事故率增加 2%。我国很多研究也表明，随着货车比例的增高，事故率也随之增高。因此，当货车占比较大时，应采用货车停车视距对相关路段进行评价。根据行业标准《城市道路路线设计规范》CJJ 193—2012，下坡段货车的停车视距不应小于表 3 的规定值。

**表 3 下坡段货车停车视距(m)**

| 纵坡度(%) | 设计速度(km/h) | | | | | | |
|---|---|---|---|---|---|---|---|
| | 100 | 80 | 60 | 50 | 40 | 30 | 20 |
| 0 | 180 | 125 | 85 | 65 | 50 | 35 | 20 |
| 3 | 190 | 130 | 89 | 66 | 50 | 35 | 20 |
| 4 | 195 | 132 | 91 | 67 | 50 | 35 | 20 |
| 5 | — | 136 | 93 | 68 | 50 | 35 | 20 |
| 6 | — | — | 95 | 69 | 50 | 35 | 20 |
| 7 | — | — | — | — | 50 | 35 | 20 |
| 8 | — | — | — | — | — | 35 | 20 |

当对向车行道无中央分隔带隔离时，需对会车视距进行评价，其值应为停车视距的 2 倍。

识别视距是指车辆行驶过程中，驾驶员自看清前方分流、合流、交叉、渠化、交织等各种行车条件变化时的导流设施、标志、标线，做出制动减速、变换车道等操作，至变化点前使车辆达到必要的行驶状态所需要的最短行驶距离。

在道路各类出入口区域，驾驶员需及时辨识出入口位置并选择正确的操作，此时变化点至驾驶员视认点的最小要求距离大于停车视距，需对识别视距进行评价，根据现行上海市工程建设规范《城市道路设计规程》DGJ 08—2106，识别视距应大于或等于表 4 规定值。对于受地形、地质等条件限制路段，识别视距可采用 1.25 倍的主线停车视距，但应进行必要的限速控制和管理措施。

表4 识别视距

| 设计速度(km/h) | 100 | 80 | 60 |
| --- | --- | --- | --- |
| 识别视距(m) | 290(380) | 230(300) | 170(240) |

注:括号中为行车环境复杂、路侧出口提示信息较多时应采用的视距值。

## 5.3 路 侧

**5.3.1** 路侧障碍物指位于路侧净区内、可能对碰撞车辆造成严重伤害的障碍物。美国《路侧设计手册》路侧净区的定义是从路肩边缘到限定路权范围。城市道路横断面的显著特点是具有人行道、非机动车道、辅路、密集的交通站点、高密度路侧固定物(如标志、机电立柱、照明灯柱、人行服务设施)等,与公路存在显著的差别,要求用地紧张的城市道路与公路具有相同的路侧净区宽度是不切实际的,故对于一般城市道路,可结合道路特点、运行速度与事故特征,确定机动车道边缘一定范围内路侧设施的设置要求。对于未设置辅路、非机动车道与人行道的城市道路,行车道外侧直接与路肩相接的城市道路与公路差别较小,可采用相同的路侧净区要求。

路侧障碍物的常用处理措施包括:①去除障碍物;②重新设计障碍物使车辆可穿越;③障碍物移至不易被撞击的地点;④使用恰当的解体消能结构来降低碰撞严重性;⑤使用防撞护栏或缓冲设施防护障碍物;⑥如果以上措施均受条件限制无法实施,应描绘出障碍物的轮廓并设置警示设施。评价时需结合障碍物类型、距离、行车速度、道路线形等对处理措施的安全性进行评价。

**5.3.2** 城市道路路侧出入口的接入容易形成交通冲突点,冲突类型主要包括右转冲突、交织冲突、进出车辆与行人和非机动车冲突、进出非机动车与行人冲突等。当出入口接入交叉口距离过近或相邻出入口间距过小时，会导致冲突区域重叠，增加驾驶难度和事故发生可能性；当接入道路行人和非机动车流量大且出入车流多时，将产生大量冲突点；当出入口视距不足或交通组织不当时，极易发生机动车与非机动车、行人碰撞事故。因此，当路侧存在地块或建筑物出入口时，应根据道路等级、相邻交叉口布局、运行速度、交通流量等，结合交通冲突分析，评价出入口位置、接入方式、视距的安全性。

## 5.4 平面交叉

**5.4.1** 平面交叉口间距越小、数量越多时，横向干扰越大，对道路通行能力和交通安全影响也越大，故平面交叉口间距不宜过小，应能满足转向车辆变换车道所需最短长度、红灯期车辆最大排队长度，以及进出口道总长度的要求。行业标准《城市道路交叉口设计规程》CJJ 152—2010 第 4.1.3 条规定城市平面交叉口间距不宜小于 150 m。上海市工程建设规范《城市道路设计规程》DGJ 08—2106—2012 第 7.2.4 条也有相关规定。因此，本条款要求对平面交叉口间距进行评价，且评价时应同时考虑平面交叉口位置对交通安全影响，当交叉口位于小半径曲线端点、桥隧起点时，应重点评价视距。

对于短间距交叉口应评价合并设置的可能性，可采用两交叉口间的交通关联度 $I$ 来判断相邻交叉口是否构成短间距交叉口，计算公式如式(5)所示。一般情况下，当 $I \geqslant 0.5$ 时，认为两个交叉口关联度高，为短间距交叉口。

$$I = \frac{0.5}{1+t}\left(\frac{nq_{\max}}{\sum_{i=1}^{n} q_i} - 1\right) \tag{5}$$

式中，$I$ 为交叉口的交通关联度指数；$n$ 为来自上游交叉口的车流驶入分支数；$q_{max}$ 为来自上游交叉口的协调方向的直行车流量，为 $q_i$ 中的最大值(pcu/h)；$\sum_{i=1}^{n} q_i$ 为到达下游交叉口交通量的总和(pcu/h)，对于十字型交叉口而言，$n=3$；$t$ 为车辆在两交叉口之间的行程时间(min)。

当难以确定交叉口之间的流量情况时，判断过程可简化为：当相邻两交叉口间的展宽段和渐变段所需长度之和接近或超过交叉口间距时，即可认为相邻两交叉口为短间距交叉口。

**5.4.3** 无论交通组织方式如何，驾驶员都应在交叉口一定距离范围内保持通视，从而避免造成不必要的冲突。平面交叉口视距三角形范围内不得规划布设任何高出道路平面标高 1.0 m 且影响驾驶员视线的物体，导向岛以及在停车视距范围内的分隔带上的绿化高度不应高于路面 60 cm；交叉口范围内不应种植行道树，必须种植时，应加大种植间距，行道树的树干及枝叶不得侵入道路限界，不得遮挡驾驶员对交通信号灯与交通标志的视线。在不同交通组织方式和运行速度条件下，平面交叉口通视要求和视距三角形范围不同，评价时应根据实际情况进行计算。

(1) 停车让行交叉口

在停车让行控制交叉口，主路行驶车辆通行权高于次路行驶车辆，次路车辆停于交叉口等待主路车辆间适当的间隙以完成通过行为，只有主路车辆间间隙满足次路车辆穿越、左转或右转距离时，次路车辆才能安全通过交叉口。因此为保证次路驾驶员能及时获取主路车辆的行驶信息，视距沿主路的长度需满足主路运行速度和临界间隙 $t_c$ 的乘积要求，根据现有研究，小客车、大型车、拖挂车的临界间隙 $t_c$ 分别可取 6.5 s、8.5 s、9.0 s，计算得到各类车型在停车让行控制交叉口沿主路的视距要求(表 5)，可知该距离显著大于停车视距要求。

**表 5　停车让行交叉口沿主路视距**

| 设计速度(km/h) | 停车视距(m) | 交叉口沿主路视距(m) | | |
|---|---|---|---|---|
| | | 小客车 | 大型车 | 拖挂车 |
| 60 | 70 | 108 | 142 | 150 |
| 50 | 60 | 90 | 118 | 125 |
| 40 | 40 | 72 | 94 | 100 |
| 30 | 30 | 54 | 71 | 75 |
| 20 | 20 | 36 | 47 | 50 |

停车让行控制交叉口，次路车辆在停车线处等待，故沿次路的视距较简单，可按次路驾驶员眼睛到主路车道中心线的距离取值，一般取 5 m～7 m。停车让行交叉口视距三角形如图 1 所示。

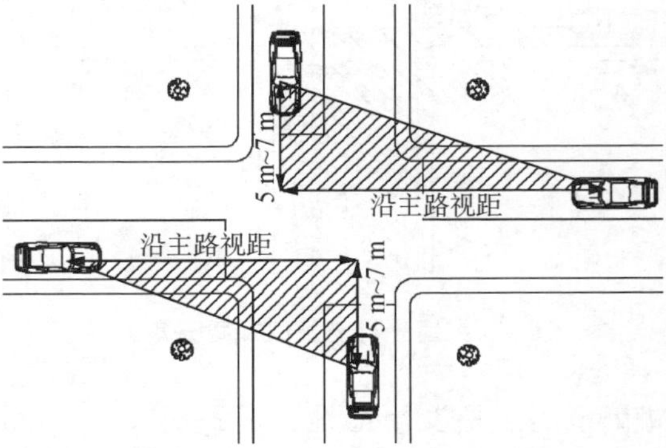


**图 1　停车让行交叉口视距三角形**

(2) 减速让行交叉口

减速让行控制交叉口沿主路视距与停车让行控制交叉口相同，由主路运行速度(或设计速度)和临界间隙 $t_c$ 的乘积确定。对于沿次要道路的视距，其取值根据次路车辆的减速距离来确定，根据观测，次路车辆到达交叉口时速度一般减至正常运行速度的 40%，加速度取 3.4 $m/s^2$ 计算，沿次路方向的视距建议值如

表 6 所示，视距三角形如图 2 所示。

**表 6　减速让行交叉口沿次路视距**

| 设计速度(km/h) | 60 | 50 | 40 | 30 | 20 |
|---|---|---|---|---|---|
| 停车视距(m) | 70 | 60 | 40 | 30 | 20 |
| 交叉口沿主路视距(m) | 59 | 45 | 32 | 21 | 12 |

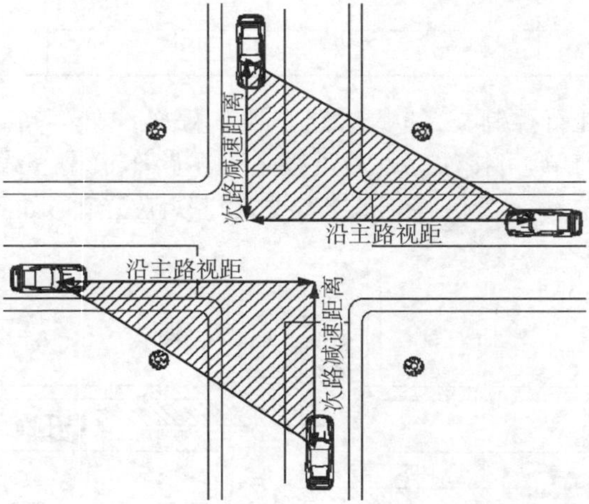


**图 2　减速让行交叉口视距三角形**

对于城市高架路、立交下的地面道路交叉口，桥墩多位于视距三角形范围内，应注意调整停车线和人行横道位置，保证行人和车辆的通行安全。

除视距外，平面交叉口的交通冲突控制也是交通安全设计的重点，主要内容包括：通过交通组织、渠化等手段在空间上降低平面交叉口冲突点的数量和交叉角度；通过交通控制在时间上减少交叉口冲突点的数量；通过控速设施减小相对速度差来降低冲突严重程度。进行交叉口交通冲突评价时，需在冲突类型数量和空间分布、冲突涉事车辆、冲突严重程度、冲突致因等分析的基础上，评价交叉口安全隐患。评价时需注意：对于已运营交叉口，冲突事件实测应进行 2 d 以上的观测并涵盖交通高峰时段，且某一交叉口观测的独立交通冲突事件宜不少于 30 个。

**5.4.4** 大型车在转弯状态时，受制于车辆车身大、轴距长，驾驶员视野盲区较大，容易将同方向直行的非机动车、行人卷入车底，引发交通伤亡事故，因此许多城市采取了“右转必停”的管理措施。大型车转弯时所遵循的线形和占用的路幅宽度不断变化，进而对其转弯时所需的路面宽度、转向净空产生影响，除了车辆本身的参数外，转弯的速度也是非常重要的参数。评价时，首先需要确定转弯车型与速度，然后根据车辆转弯的车轮轨迹与扫空空间，对转弯路面的宽度、转向净空进行评价。若无法对路面宽度或转向净空进行调整，可采取速度管控措施。

## 5.5 立体交叉

**5.5.2** 相邻立体交叉和相邻出入口的间距应满足交通流交织运行和标志完整设置所需的距离，当间距不足时，频繁的分合流、较短的交织段长度、识别视距不足等，均会导致交通事故发生率增加。因此，本条提出应对相邻立体交叉之间、相邻出入口之间的距离进行评价。

相邻立体交叉间距离应不小于加速车道和渐变段长度、减速车道和渐变段长度之和，且应满足出口预告标志、入口预告标志等完善的标志、标线设置所需距离。美国《公路与城市道路几何设计(1984)》中规定，互通式立交最小间距的一般经验值是市区 1.6 km。《道路通行能力手册(2000)》规定在一段长度为 8 km～10 km 的高速公路上，互通式立交理想的平均间距是不小于 3.0 km。《日本公路技术标准的解说与运用》以两个互通立体交叉间所需最小交织距离和交通标志设置所需最小长度为依据，按 1.5 km～4.0 km 的间距控制。我国行业标准《城市道路路线设计规范》CJJ 193—2012 中规定相邻互通式立体交叉的最小间距应满足上游立交加速车道渐变段终点至下游立交减速车道渐变段起点之间的距离不得小于 500 m,且应满足设置交通标志的距离要求。上海市工程建设规范《城市道路设计规程》DGJ 08—2106—2012 第 7.3.9 条根据立交和用地类型分别提出最小间距取值。因此,本条款提出对相邻立体交叉间距进行评价,评价时需考虑用地类型、立交类以及道路运行速度的影响。

快速路出入口间距应能保证主线交通不受分合流交通的干扰,行业标准《城市快速路设计规程》CJJ 129—2009 第 7.2.2 条提出不同主线设计速度和出入口形式下的最小间距要求,如表 7 所示,进行安全性评价时应根据运行速度对出入口间距值进行检验,当出入口间距不满足最小间距要求时,应设置集散车道,集散车道与主线车道之间应设分隔,车道宽度应满足辅助车道上运行速度的要求,一般宜取 3.5 m。

**表 7　出入口最小间距(m)**

| 主线设计速度(km/h) | 出入口形式 | | | |
|---|---|---|---|---|
| | 出-出 | 出-入 | 入-入 | 入-出 |
| 100 | 760 | 260 | 760 | 1 270 |
| 80 | 610 | 210 | 610 | 1 020 |
| 60 | 460 | 160 | 460 | 760 |

**5.5.4**　互通式立交区域应具有良好的视距,立交匝道出入口端部位置应明显,出口匝道端部应能使主线行驶车辆的驾驶员在足够距离外识别出变速车道的宽度渐变段起点,匝道入口端部应满足主线和匝道行驶车辆驾驶员的通视要求,使匝道车辆安全插入主线。行业标准《城市道路工程设计规范》CJJ 37—2012 考虑到目前立交及进出口间距小,交通运行状态与公路不一致,以及建设条件制约因素多,规定了在互通立交区域范围内主线行车视距宜大于等于 1.25 倍停车视距。行业标准《城市道路交叉口设计

规程》CJJ 152—2010 规定在合流鼻前，匝道与主线应保证一个主线 100 m 和匝道 60 m 围成的通视三角区，如图 3 所示。因此，本条提出应根据运行速度对立交分合流鼻端通视情况进行核查。另外，在匝道基本段，虽不受车流分合流和交织的影响，但其视距条件受小半径圆曲线影响较大，当圆曲线内侧有桥墩、护栏、植物等视线遮挡物时，需对匝道驾驶员的停车视距进行检验。

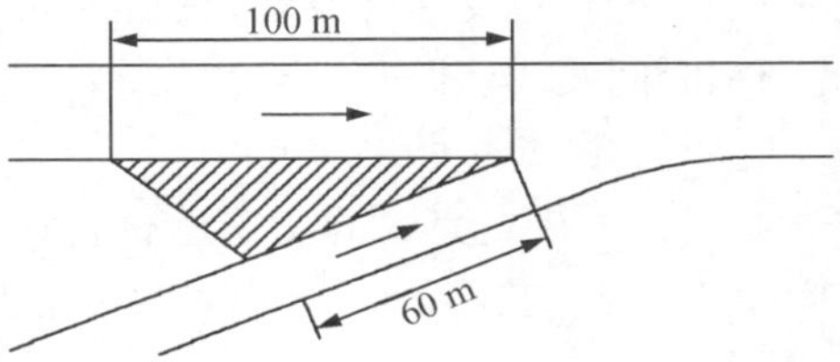


**图 3　匝道入口端部视距**

**5.5.5**　为满足立体交叉区域内驾驶员的行驶平顺性和安全性，需设置变速车道、辅助车道、集散车道等来实现车道平衡和速度均衡变化，车道的正确设置是保障立体交叉交通安全的重点。

在车辆驶出或驶入快速路主路和集散车道出入口处均应设置变速车道。当匝道线形指标小于一般值、主线和匝道的设计年限交通量接近通行能力、载重货车和大型客车的比例较高、分合流处缓和曲线长度不能满足在鼻端处所适应的设计速度或运行速度超过设计速度 20 km/h 时，应检验变速车道的长度是否满足车辆安全行驶要求。

变速车道所需安全长度计算如式(6)所示，渐变段长度则应满足主线运行速度对应渐变率。

$$L_{加}=(V_1^2-V_2^2)/25.92a$$
$$L_{减}=(V_0t/3.6-a_1t^2/2)+(V_3^2-V_2^2)/25.92a_2 \qquad (6)$$

式中，$L_{加}$为加速车道长度(m)；$V_1$ 为与主线合流需达到的速度，可取实测值或根据运行速度预测模型计算(km/h)；$V_2$ 为辅道、匝道、集散车道的运行速度(km/h);$a$ 为车辆加速度($m/s^2$);$L_{减}$ 为减速车道长度(m);$V_0$ 为车辆在主线分流时的速度(km/h);$t$ 为发动机制动持续时间,可取 3 s;$a_1$ 为发动机制动减速度,可取一般舒适减速度 1.0 $m/s^2$～1.5 $m/s^2$;$V_3$ 为发动机制动减速后的运行速度;$a_2$ 为制动器制动减速度,根据我国《汽车驾驶员手册》建议,可取 1.5 $m/s^2$～2.0 $m/s^2$。

辅助车道一般设置于主线分合流处,其所需长度应考虑:诱导、指示标志的判别时间及辨认距离;合流所需要的时间和距离;驾驶员判断和反应所需要的时间和距离。

设置集散车道是为了将立交区的交织运行转移至集散车道,当相邻交叉口间距不足或交通量大、交织长度不足时,可考虑设置集散车道,集散车道车速较主线低,需与主线分隔设置。

## 5.6 行人和非机动车系统

**5.6.1** 行人和非机动车交通系统是城市交通的重要组成部分,然而部分道路建设中为满足机动车的通行能力,会压缩行人和非机动车空间,甚至部分路段出现人行道和非机动车道缺失,造成行人和非机动车系统的连续性不足。

**5.6.2**

**2** 合理设置分隔措施可降低交通冲突,但分隔设施的设置不合理也会带来新的安全隐患,故本条提出应对机动车道、非机动车道及人行道间分隔方式的安全性进行评价,评价时应综合考虑道路等级、横断面布局、机动车流量、非机动车流量、行人流量和过街需求等。

**3** 在城市道路中,行人视距是行人安全穿越道路的基本保障,应保证行人在过街时能发现机动车且保证其安全过街而不引起机动车突然减速。存在较大行人视距不足隐患的情况包括:①人行横道处有绿化带、路侧停车带等设施,视距三角形如

图 4 所示；②人行横道旁有公交停靠站，视距三角形如图 5 所示。图中视距三角形内应不存在遮挡行人和接近人行横道机动车驾驶员视线的障碍物，视距三角形边长 $L_c$ 应满足机动车停车视距和行人判断可穿越视距要求，边长 $L_s$ 为路侧等待行人距冲突点的距离。

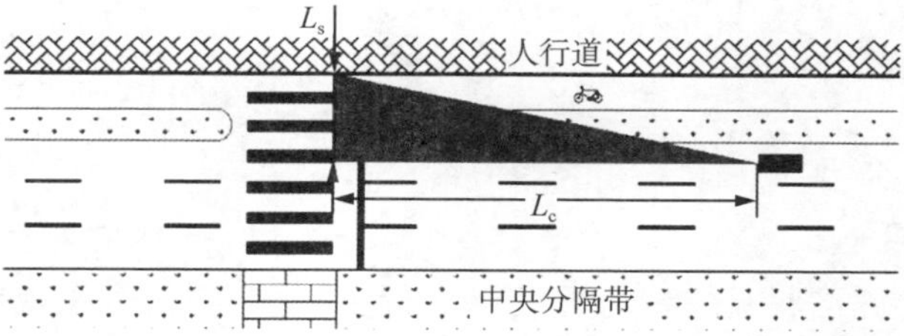


**图 4　路侧为绿化带情况下行人视距**

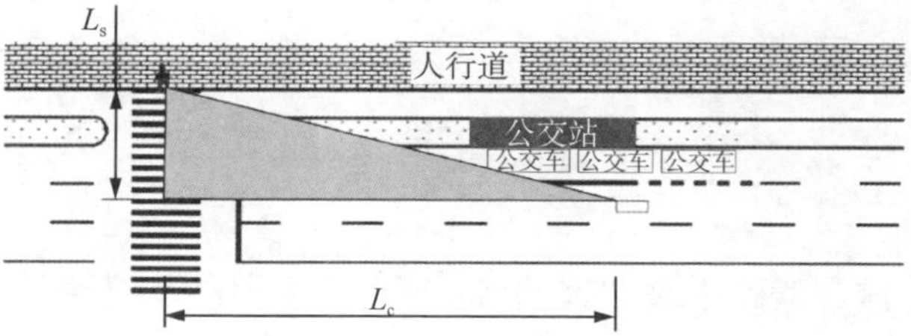


**图 5　路侧为公交停靠站情况下行人视距**

## 5.7　公共交通设施

**5.7.2**　部分公交车辆在车站停留时会占用非机动车道，且进出站过程中也会占用邻近车道，干扰社会车辆和非机动车的正常通行，造成交通冲突，因此本条提出应对公交停靠站区域公交车与社会车辆、非机动车的相互干扰情况进行评价。

**5.7.3**　公交停靠站的布置需与人行过街设施配合设置，以方便乘客换乘和过街，减少乘客横穿车行道的违规行为。同时，为避免停靠公交车对过街行人的遮挡，人行道宜设置在公交车站上游。

**5.7.4** 公交专用车道配套的交通标志一般包括公交专用道告知标志和公交专用道车道指示标志两种，应着重评价专用车道起始点、大型路口及其他易引起误判的地点的公交专用道指示标志设置情况。

## 5.8 路　面

**5.8.2** 路面状况的好坏直接影响行驶安全与舒适，主要影响指标有平整度、抗滑性能、排水设施设置及病害情况等，例如，道路抗滑能力不足易导致车辆打滑，路面破损可能会导致轮胎由于瞬间受力不均匀而发生爆胎或车辆行驶轨迹突变，排水不畅可能会导致车辆在变换车道时方向失控等。

## 5.9 桥　梁

**5.9.3** 城市道路中高架道路和立交多，常存在下穿道路紧靠上跨桥梁墩台的情况，桥梁墩台质地坚硬，如果偏离车辆碰撞桥梁墩台，将对车辆内部人员造成巨大的安全威胁，也会对桥梁墩台造成损坏，影响桥梁整体结构安全。行业标准《城市桥梁设计规范》CJJ 11—2011 第 8.1.4 条规定，当立交、高架道路桥梁的下穿道路紧靠柱式墩或薄壁墩台、墙时，对于设计速度大于等于 60 km/h 的下穿道路，安全带宽度不应小于 0.5 m，对于设计速度小于 60 km/h 的下穿道路，安全带宽度不应小于 0.25 m。因此，本条款规定，当存在上跨桥梁墩台邻近道路建筑限界的情况时，应根据桥下道路车速、交通量以及路侧净区情况，分析车辆碰撞桥梁墩台的可能性以及产生的碰撞能量，从而对桥梁墩台的设置位置以及配套的防护设施、警示设施进行评价。

## 5.10 隧　道

**5.10.1** 隧道洞口由于光环境的剧烈变化，驾驶员客观上存在3 s的暗适应时间，存在短暂的失明，这是隧道洞口事故高发的主要原因。为降低隧道洞口的驾驶难度，隧道洞口内外线形保持一致是必要的。行业标准《城市道路工程设计规范》CJJ 37—2012规定，隧道洞口内外侧在不小于3 s设计速度的行程长度范围内均应保持一致的平纵线形；当条件困难时，应在洞口内外设置线形诱导和光过渡等保证行车安全的措施。因运行速度能综合反应道路线形和行车环境对驾驶员的综合影响，故本条提出根据运行速度，对洞口内外的线形一致性进行评价，评价内容包括洞口内外3 s行程长度范围内的平纵线形设计及运行速度协调性。

**5.10.3** 隧道驾驶员视觉会受洞口黑白洞效应影响，而匝道出入口驾驶员需要变换车速和车道，驾驶任务复杂，当隧道洞口与匝道出入口衔接时，驾驶员存在较大的驾驶负荷，为事故易发路段，其中危险性大的几种情况如下。

(1) 洞口与洞外入口匝道

洞口与洞外入口匝道相邻可分为上游洞外入口匝道与隧道进口相邻、隧道出口与下游洞外入口匝道相邻，如图6所示。

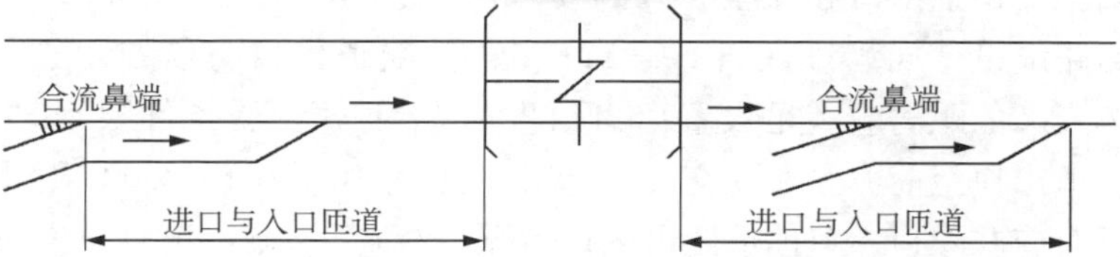


**图6　隧道洞口与洞外入口匝道相邻**

当隧道出口与下游洞外入口匝道相邻时，间距要求满足驶出隧道驾驶员及时辨认前方汇入或减速车流并采取一系列变道和变速操作来防止碰撞。行业标准《城市地下道路工程设计规范》CJJ 221—2015 为避免在隧道出口驾驶员的亮度过渡适应区域内设置匝道合流点，根据照明设计中的入口段长度与第一过渡段长度之和给出规定值，如表 8 所示。

**表 8　城市地下道路洞口与合流鼻端最小距离**

| 设计速度(km/h) | 最小间距(m) |
|---|---|
| 80 | 165 |
| 60 | 85 |
| 50 | 60 |
| ≤40 | 35 |

当上游洞外入口匝道与隧道进口相邻时，间距要求满足刚进入主线的驾驶员采取变速、变道等操作能够安全驶入隧道，行业标准《公路路线设计规范》JTG D20—2017 中规定“互通立体交叉加速车道渐变段终点至前方隧道进口的距离以不小于设计速度的 1 倍长度为宜”。

(2) 隧道出口与洞外出口匝道相邻

出口匝道分流点需避免设置在隧道出口驾驶员的亮度过渡适应区域内，隧道出口与洞外出口匝道的间距还需满足驶出主线驾驶员识别出口和安全驶入的要求，如图 7 所示。行业标准《公路路线设计规范》JTG D20—2017 规定“隧道出口与前方互通立体交叉的距离应满足设置出口预告标志的需要，受条件限制时，隧道出口至前方互通立交交叉起点的距离不应小于 1 000 m，小于时应在隧道入口前或隧道内设置预告标志”。城市道路路网密集和交通通达要求高，很多情况下很难满足 1 000 m 的规定要求。行业标准《城市地下道路工程设计规范》CJJ 221—2015 规定“城市隧道出口与邻接地面道路出口匝道减速车道渐变段起点的距离应满足设置出口预告标志的需要。当条件受限时，不应小于

1.5 倍主线停车视距,并应在地下道路内提前设置预告标志”。

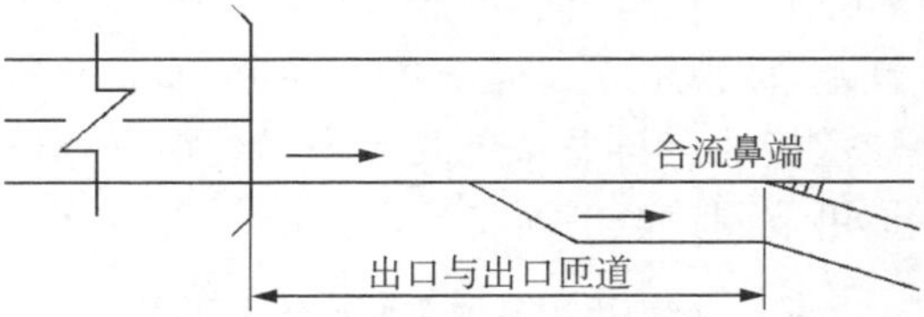


**图 7　隧道出口与洞外出口匝道相邻**

(3) 隧道洞口与洞内匝道相邻

隧道洞口与洞内匝道相邻情况主要包括隧道入口与洞内入口匝道相邻、隧道出口与洞内出口匝道相邻(图 8),主要安全隐患为:驶入隧道驾驶员处于暗适应,无法识别前方汇入车辆而导致追尾;驶离主线驾驶员受洞口明适应影响,无法准确识别匝道出口并驶入。故洞内匝道合流点或分流点需设置在隧道洞口驾驶员的亮度过渡适应区域外。

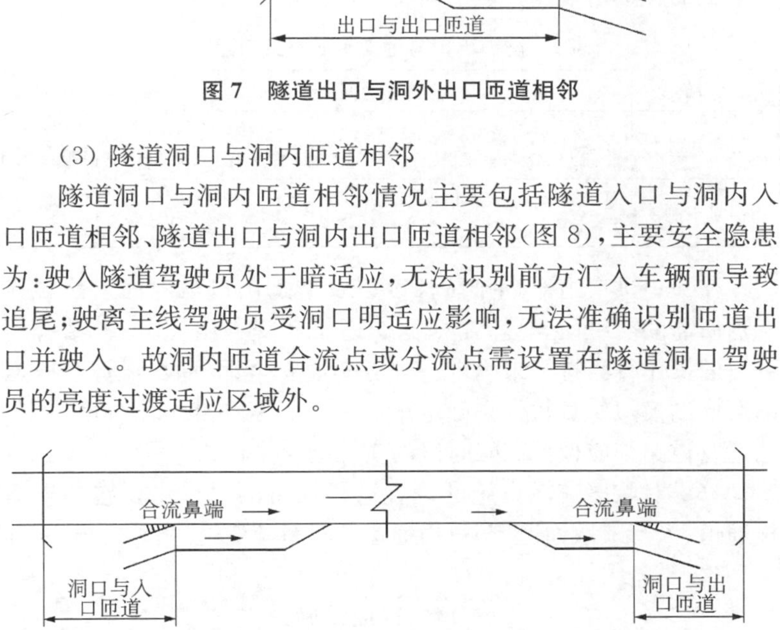


**图 8　隧道洞口与洞内匝道出入口相邻**

**5.10.4**　当地面道路交叉口与隧道出口距离过近时,驾驶人受光过渡影响不易识别交叉口路况,且对于城市隧道多有的下穿类型,出隧道后通常设有一定长度的上坡敞开段,受竖曲线的影响,驾驶员在爬升至地面接地点前难对前方路况有详细了解,同时,交叉口排队车流或变道车流也可能会干扰隧道出口车辆,增加洞口追尾事故发生概率。故当隧道出口与平面交叉相邻时,间距满足驶出隧道驾驶员及时辨认前方路况并采取一系列变道和变速操作来汇入交叉口车流以及交叉口进口道车辆排队长度的要求。行业标准《城市地下道路工程设计规范》CJJ 221—2015 中借鉴国外隧道设计规范，从视距方面提出相关要求，如表 9 所示。其中，间距为下穿隧道接地点与平面交叉口停车线距离，对于不设洞口上下坡的隧道可取洞口至平面交叉口的距离。

**表 9　隧道出口与地面平面交叉口距离**

| 交叉口类型 | 间距要求 |
| --- | --- |
| 无信号控制 | ① 不宜小于 2 倍停车视距；<br>② 当视线条件好、具有明显标志时，不应小于 1.5 倍停车视距 |
| 信号控制 | ① 不宜小于 1.5 倍停车视距；<br>② 条件受限时不得小于 1 倍停车视距 |

交叉口进口道车辆排队长度以及隧道出口与地面道路转换车道所需的交织段长度，需根据交通量和交通组织方式，结合驾驶员的操作行为特征来确定。进行交通安全评价时，设计阶段道路可借助模拟仿真软件来确定车辆排队长度和交织段长度要求，已运营道路则应根据高峰时段的实测结果来评价。

**5.10.6**　对救援疏散设施的设置进行评价的对象主要包括人行横通道、人行疏散通道、车行横通道和车行疏散通道。

## 5.11　交通设施

**5.11.3**

**2,3**　标志是为虽不熟悉周围路网，但对于出行路线有一定规划的出行者服务的。不同标志设置要协调前后标志之间的位置，避免相互遮挡。标志设置路段有监控设施、照明设施、信息发布设施或构造物时，也要协调相互位置，避免遮挡，宜结合综合杆合并设置。交通标志的信息内容需通过重复设置或连续设置来逐级传递。若同一位置的信息量适当，则以正常速度行驶的驾驶人可识别和理解信息；反之，标志内容不准确或信息量过大，会影响视认效果和交通安全。

**6** 限速路段内，因道路交通条件发生变化，需要设置不同速度的限速标志时，其设置应符合车辆的制动性能及驾驶员的驾驶习惯，尤其是当相接路段限速差值超过 20 km/h 时，应保障高限速路段到低限速路段的限速过渡平缓性。故进行安全性评价时应对限速标志的限速差值、前置距离、相邻限速标志间距进行评价，安全标准如下：①限速差值不应大于 20 km/h；②前置距离应大于等于减速距离与认视过程行驶距离的差值；③相邻限速标志间距同样应满足前置距离大于等于减速距离与认视过程行驶距离的差值，此时前置距离的终点为下游低限速标志的视认点。

运营阶段应采用实地驾驶方法评价。应根据运行速度，评价交通标志前置距离的安全性。

**5.11.4** 标线为道路使用者提供应遵循的交通规则及可行使范围的交通设施，可提供行车道、行车方向、路面边缘、人行道、非机动车道等行驶规则的各种信息，并配合和补充其他设施的信息。同交通标志一样，交通标线同样应满足传递信息的准确性、连续性、完备性和系统性，并具有良好的可视性和抗滑性。交通标线形式多样，国家标准《城市道路交通标志和标线设置规范》GB 51038—2015 规定了各类交通标线的设置原则和方法，其虚实、宽度、颜色、形状、逆反射性能等均会影响交通标线传递信息的内容和视认效果，对道路交通安全运行产生影响，因此，本条款提出对标线设计的准确性及与交通组织管理的匹配性进行评价，并提出对实体标记、立面标线、减速标线、突起路标等特殊标线进行评价。

**2** 在道路车道数量和横断面宽度发生变化的路段应设置过渡标线，过渡标线的长度和渐变率应满足车辆平稳变道、交织、变速等操作的要求。

**3** 靠近道路建筑限界处存在上跨桥桥墩、中央分隔带端头、隧道洞口端墙、标志杆柱等可能威胁行车安全的障碍物时，需设置立面标记或实体标记。标线应为黄黑相间的倾斜线条，线宽均为 15 cm，倾斜角度为 45°，向下倾斜的一边朝向车道，且高度一般涂至路面 2.5 m 以上。

**4** 减速标线的评价需考虑标线的排水和防滑，且需考虑其与限速标志和解除限速标志的配合效果。

**5.11.5** 防护设施评价包括下列内容：

**1** 高挡墙、临水临空路段和临近其他快速路、高速公路、人流密集区域等车辆越出路外可能发生重大二次事故的路段应对其防撞护栏防护等级的选取着重进行评价。

**2** 防护设施的设置不应对道路交叉口、匝道出入口、小半径平曲线段和路侧出入口处的视距产生影响。评价时，可根据路段特征，采用停车视距或识别视距，对视距三角形或视距包络线中的防护设施设置进行评价。

**8** 中央分隔设施的设置情况对道路交通安全情况存在影响，一般情况下，设置中央分隔栏或分隔带相较于无分隔设施，可限制违章掉头、借对向车道行驶、横穿马路等危险行为，同时阻挡偏离车辆驶入对向车道，进而降低严重事故概率。但同时分隔设施的设置可能会影响驾驶员和行人的通视情况，且分隔设施也是一种路侧障碍物，其设置可能会导致视距不足而引起交通事故发生率增加。

机非分隔设施的设置，尤其是分隔带和隔离栏，能有效降低机动车和非机动车、行人的冲突情况，防止行人和非机动车对机动车道的违法侵占，其安全改善效果在路面宽度大和行人流量大的路段上较好。但同时分隔带和隔离栏的设置也会引起视距遮挡问题，导致交通事故增加，且结构不合理的分隔栏对碰撞车辆和跌倒行人存在二次伤害的隐患。

因此，应综合考虑行人和非机动车流量、路段周边环境、城市交通执法和居民守法程度等因素，对城市道路隔离设施进行评价。评价内容主要包括分隔设施设置的必要性，设置形式、位置、高度、结构安全性、警示标识设置的合理性及其对视距的影响。

**9** 重点应对夜间竖曲线路段的防眩效果及其对视距的影响进行评价。

**11** 凸起路缘石具有导向、排水和防护功能，同时也是路侧固定障碍物，车辆碰撞时会对车辆和乘客造成伤害。宜采用交通仿真评价路缘石的高度和形式对行驶车辆的安全性影响。

**5.11.6** 交通信号灯评价主要考虑交通信号灯的视认范围内是否存在盲区，是否有必要增设同类信号灯。

## 5.12 排 水

**5.12.1** 高架道路或桥梁的路面排水应从对高架道路或桥梁的交通安全影响和对其下穿道路的交通安全影响两方面进行：对高架道路或桥梁的交通安全影响评价内容包括积水程度、道路抗滑性、标线视认性以及水雾现象，对其下穿道路的交通安全影响评价内容包括桥下道路积水情况。

**5.12.5** 针对运营阶段，应采用现场勘察的方法进行；对已运行道路，宜结合交通事故资料，评价因道路积水导致路面抗滑能力不足或标线视认效果不佳的事故数量和严重程度。

## 5.13 绿 化

**5.13.1** 由于绿化部分的苗木处于动态的生长过程，在设计和运营阶段需对苗木的生长状况进行预测，并对绿化管养提出要求，确保道路运营过程中绿化不会影响视距和对交通设施造成遮挡。

**5.13.2** 美国《城市道路路侧安全与美观设计指南》（国家公路合作研究计划第612报告）和我国交通运输部《公路路侧安全评估及防护方法》中均指出，行道树是路侧最危险和常见的固定障碍物之一，且美国《路侧设计指南》（KDG 2011）规定较大的树木距路缘石立面距离应不小于1.2 m且不应种植于宽度小于1.2 m的路侧带中。

## 5.14 照　明

**5.14.1** 城市道路车流、人流情况复杂，应设置照明设施以保障交通安全、畅通，提高运输效率。照明设施的设置应满足道路照度要求，并避免对道路使用者造成眩光影响。

# 附录B　城市道路交通安全风险评级方法

本标准采用层次分析法确定安全指标的权重，主要计算步骤包括下列内容：

（1）构造判断矩阵

将交通安全风险指标的重要度分为五个等级（表10），两两相互比较同一等级各个元素的重要度，最后构造判断矩阵 **A**，如式（7）所示。

**表10　重要度语言量化标度**

| 标度值 | 含义 |
| --- | --- |
| 1 | 表示要素两两比较，具有同等重要性 |
| 3 | 表示要素两两比较，前者比后者稍微重要 |
| 5 | 表示要素两两比较，前者比后者明显重要 |
| 7 | 表示要素两两比较，前者比后者强烈重要 |
| 9 | 表示要素两两比较，前者比后者极端重要 |
| 2，4，6，8 | 表示上述判断的中间值 |
| 倒数关系 | 若要素 $i$ 比要素 $j$ 的重要度分为 $C_{ij}$，那么存在 $C_{ij}=1/C_{ji}$ |

$$\mathbf{A}=[a_{ij}]_{m\times m}=\begin{bmatrix}1 & a_{12} & \cdots & a_{1m}\\ a_{21} & 1 & \cdots & a_{2m}\\ \vdots & \vdots & & \vdots\\ a_{m1} & a_{m2} & \cdots & 1\end{bmatrix}_{m\times m} \tag{7}$$

式中，$a_{ij}=1/a_{ji}$，$a_{ii}=1$，$i=1, 2, 3, \cdots, m$。

（2）确定指标权重系数

求出判断矩阵的最大特征根对应的特征向量，然后对特征向量归一化计各指标的权重系数。

利用求和法计算特征向量的步骤如下所示。

① 将判断矩阵 $\boldsymbol{A}$ 的元素按列归一化，得到矩阵 $\boldsymbol{B}=(\overline{a_{ij}})_{m\times m}$：

$$\overline{a_{ij}}=a_{ij}\Big/\sum_{i=1}^{m}a_{ij} \tag{8}$$

② 将矩阵 $\boldsymbol{B}$ 中的元素按行相加，得到向量 $\boldsymbol{C}=(\overline{w_1}, \overline{w_2}, \cdots, \overline{w_m})^{\mathrm{T}}$：

$$\overline{w_i}=\sum_{j=1}^{m}\overline{a_{ij}} \tag{9}$$

③ 将矩阵 $\boldsymbol{C}$ 进行归一化处理，即得到特征向量 $\boldsymbol{W}=(w_1, w_2, \cdots, w_m)^{\mathrm{T}}$，其中 $w_i$ 即为第 $i$ 个指标对应的权重值：

$$w_i=\overline{w_i}\Big/\sum_{i=1}^{m}\overline{w_i} \tag{10}$$

（3）数据一致性检验

判断步骤(2)计算得到的权重分配是否合理，还需对判断矩阵进行一致性检验，检验步骤如下所示。

① 计算判定矩阵最大特征根 $\lambda_{\max}$：

$$\lambda_{\max}=\frac{1}{m}\sum_{i=1}^{m}\frac{(\boldsymbol{AW})_i}{w_i} \tag{11}$$

② 计算一致性指标 $CI$：

$$CI=(\lambda_{\max}-m)/(m-1) \tag{12}$$

③ 计算一致性率 $CR$：

$$CR=CI/RI \tag{13}$$

式中，$RI$ 为平均随机一次性指标，可以通过查阅判断矩阵阶数对照表 11 取值。

**表 11　*RI* 指标数值表**

| 维数 | 1 | 2 | 3 | 4 | 5 | 6 | 7 | 8 | 9 |
|---|---|---|---|---|---|---|---|---|---|
| *RI* | 0.00 | 0.00 | 0.58 | 0.90 | 1.12 | 1.24 | 1.32 | 1.41 | 1.45 |

若 $CR<0.10$，则判断矩阵 **A** 通过一致性检验；若 $CR\geqslant 0.10$，则需要重新修改或构造判断矩阵 **A**，使其最终满足 $CR<0.10$。

本标准表 B.0.4-1～表 B.0.4-3 中安全风险指标得分应通过层次分析法分别计算得出其一级指标和二级指标的权重，按百分制计算后取整计算其分值。